上海都市现代农业科技实力评估及创新效率提升研究
——兼论北京、天津的比较研究

◎ 张莉侠 著

中国农业科学技术出版社

图书在版编目（CIP）数据

上海都市现代农业科技实力评估及创新效率提升研究：兼论北京、天津的比较研究 / 张莉侠著．—北京：中国农业科学技术出版社，2018.11
ISBN 978-7-5116-3553-2

Ⅰ.①上… Ⅱ.①张… Ⅲ.①都市农业-农业技术-技术革新-研究-上海 Ⅳ.①F327.51

中国版本图书馆 CIP 数据核字（2018）第 271407 号

责任编辑 白姗姗
责任校对 贾海霞

出 版 者 中国农业科学技术出版社
北京市中关村南大街 12 号 邮编：100081
电 话 （010）82106638（编辑室） （010）82109702（发行部）
（010）82109709（读者服务部）
传 真 （010）82106650
网 址 http://www.castp.cn
经 销 者 各地新华书店
印 刷 者 北京建宏印刷有限公司
开 本 787mm×1 092mm 1/16
印 张 8.5
字 数 202 千字
版 次 2018 年 11 月第 1 版 2018 年 11 月第 1 次印刷
定 价 68.00 元

前　　言

农业科技实力是各个国家和地区间农业综合实力的重要表现，在科学技术日新月异的今天，各个国家或者地区间农业综合实力的竞争归根结底是农业科技实力的竞争。纵观农业发展史，科技进步和技术变革始终是农业农村发展的主要动力和源泉，通过农业科技进步实现创新驱动、内生增长及转变农业发展方式是现代农业发展的根本出路。继十九大报告提出实施乡村振兴战略后，在 2017 年年底召开的中央农村工作会议上，研究实施乡村振兴战略的重要政策并进行部署成为当前政府及学界关注的焦点。中央农村工作会议确立了实施乡村振兴要按照“产业兴旺、生态宜居、乡风文明、治理有效、生活富裕”的总要求，其中产业兴旺位列战略总要求的首位。从乡村振兴的总要求来看，实现产业兴旺、做大做强，迫切需要科技支撑。保障产出高效、产品安全，走科技兴农之路；实现生态宜居、清新清净，加强环境治理和资源保护，走绿色发展之路，迫切需要科技支撑。

上海是全国经济文化科技发展中心，上海都市现代农业的定位是高科技农业服务、辐射全国，农业创新理念、实践引领全国。同为直辖市的北京及天津，农业对三大都市城市运行安全、生态环境保护具有不可或缺的重要作用，没有农业的现代化，三大都市的现代化就不完整。北京、天津及上海的《“十三五”现代农业发展规划》明确提出要加快推进农业现代化，力争发挥农业科技引领作用促进都市现代农业发展。在城市化进程中加快推进农业现代化，是上海推进“四个率先”、建设“四个中心”和社会主义现代化国际大都市的重要组成部分。作为大都市的北京、上海及天津，农业科技活动表现出多重特性，既需要为都市自身的农业发展服务，也需要对全国的农业发展起示范、带动作用，农业技术辐射全国。在这样的背景下，对三大都市农业科技实力及创新效率的全面摸底是非常必要的。

本书的主要任务是在分析上海农业技术创新路径的基础上，通过建立一套科学、合理的指标体系，定量分析和评价上海农业科技实力及创新效率，并与北京、天津的农业科技实力及创新效率对比分析，找出影响三大都市农业科技创新效率的因素。该研究有助于全面了解三大都市农业科技的实力及创新效率，确定比较三大都市农业科技实力的强弱项，有利于政府判断农业科技实力及创新效率的走向和成因，帮助三大都市在农业科技进步及创新方面找到今后的出发点。该研究不仅具有重要的理论意义，而且也有很强的现实意义。

全书共有十个章节。第一章，绪论。作为全文的导论部分，提出了本书计划研究的问题及研究目标，介绍了全书的研究内容，给出了全书的主要研究方法和技术路线，最后分析了本研究可能的创新与不足。第二章，理论回顾与文献综述。回顾了技术创新理论及生产率理论及其进展，并对农业科技实力及创新效率的文献进行了回顾分析。第三章，三大都市农业科技发展现状及存在的问题探讨。总结 1990 年以来上海都市现代农业科技发展现状的基础上，进一步分析北京、天津都市现代农业科技创新现状及存在的问题。第四章，上海农业技术创新路径分析。对农业技术创新成功案例的追踪研究，是探究农业技术创新模式的最有效途径之一。本章主要以农业企业孙桥现代农业园区为案例进行剖析上海农业技术创新的演化路径。第五章，上海农业科技成果转化现状及存在问题。在梳理上海农业科技成果转化交易取得成效的基础上，分析存在问题及原因。提出促进上海农业科技成果转化的对策措施。第六章，都市现代农业科技实力评价构建及评估。回顾总结科技实力的评价方法，根据都市现代农业科技活动的特点，采用了层次分析方法及信息熵法测算三大都市农业科技实力，并从农业科技研发实力、农业科技示范实力、农业科技推广实力三个方面构建都市现代农业科技实力的评价指标体系，根据构建的评价指标体系，对三大都市农业科技实力进行评估。第七章，三大都市农业科技进步贡献率的测算及分析。测算北京、上海及天津三大都市农业技术进步对农业产出增长的贡献，分析农业科技进步贡献率的变动趋势及原因。第八章，三大都市农业科技创新效率分析。根据前文构建的农业科技实力及创新效率的评价指标体系，进一步测算上海、北京及天津的农业科技创新效率，并对三大都市农业科技创新效率作对比分析，探析上海在农业科技创新方面的薄弱环节及突出问题，分析影响三大都市农业科技创新效率的影响因素。通过构建的 DEA-Tobit 两步法模型，以前文估算的农业科技创新效率数据作为因变量，选取政府投入、科技活动支出、农业产业化程度、科技人员素质、生产规模等影响农业科技创新效率的因素作为自变量作回归分析，探究影响三大都市农业科技创新效率的因素。第九章，国外都市农业科技创新趋势。以国外现代农业科技为分析对象，重点从装备农业、种源农业、数字农业及农业生物技术产业等分析国外发达国家现代农业的发展现状及趋势，以期为三大都市农业科技创新提供借鉴参考。第十章，结论与展望。本章归纳了全书研究的主要结论和观点，针对实证研究结论，找出在上海农业科技方面具有的优劣势，分析三大都市农业科技资源配置的冗余问题，提出提升三大都市农业科技实力及创新效率的对策建议。

目　录

第一章　绪　　论

第一节　研究背景与意义

农业科技实力是一个国家和地区间农业综合实力的重要表现，在科学技术日新月异的今天，各个国家或者地区间农业综合实力的竞争归根结底是农业科技实力的竞争。纵观农业发展史，科技进步和技术变革始终是农业农村发展的主要动力和源泉，通过农业科技进步实现创新驱动、内生增长及转变农业发展方式是现代农业发展的根本出路。自从国际金融危机爆发以来，发达国家非但没有放慢农业科技进步，反而对农业科技发展做出了新的部署，采取了更加有力的措施展开了新一轮抢占农业科技和产业发展制高点的竞争。2010 年中央一号文件指出要不断提高农业科技创新力度，2012 年中央一号文件再次聚焦农业科技问题，依靠科技创新驱动，引领支撑现代农业建设，将农业科技摆在更加突出的位置。继十九大报告提出实施乡村振兴战略后，在 2017 年年底召开的中央农村工作会议上，研究实施乡村振兴战略的重要政策并进行部署成为当前政府及学界关注的焦点。中央农村工作会议确立了实施乡村振兴要按照“产业兴旺、生态宜居、乡风文明、治理有效、生活富裕”的总要求，其中产业兴旺位列战略总要求的首位。唯有农业的产业发展及其转型升级，才有农业的产业兴旺，产业兴旺尤其是农业产业兴旺发达是乡村振兴的基础，而农业的产业兴旺离不开科技支持。从乡村振兴的总要求来看，实现产业兴旺、做大做强，迫切需要科技支撑；保障产出高效、产品安全，走科技兴农之路；实现生态宜居、清新清净，加强环境治理和资源保护，走绿色发展之路，迫切需要科技支撑。

上海是全国经济文化科技发展中心，上海都市现代农业的定位是高科技农业服务、辐射全国，农业创新理念、实践引领全国。同为直辖市的北京及天津，农业对三大都市城市运行安全、生态环境保护，具有不可或缺的重要作用，没有农业的现代化，三大都市的现代化就不完整。三大都市的《“十三五”现代农业发展规划》明确提出要加快推进农业现代化，力争在发挥农业科技引领作用方面走在全国前列。在城市化进程中加快推进农业现代化，是上海推进“四个率先”、建设“四个中心”和社会主义现代化国际大都市的重要组成部分。作为大都市的北京、上海及天津，农业科技活动表现出多重特性，既需要为都市自身的农业发展服务，也需要对全国的农业发展起示范、带动、引领作用，农业技术辐射全国。在这样的背景下，对三大都市农业科技实力及创新效率的全面摸底是非常必要的。

鉴于此，本书的主要任务是通过以孙桥园区为案例剖析上海农业技术创新路径，在此基础上，通过建立一套科学、合理的指标体系，定量分析和评价上海农业科技实力及创新效率，并与北京、天津的农业科技实力及创新效率进行对比分析，找出影响三大都市农业科技创新效率的因素。该研究有助于全面了解三大都市农业科技的实力及创新效率，比较三大都市农业科技实力的强弱项，有利于政府判断农业科技实力及创新效率的走向和成因，帮助三大都市在农业科技进步及创新方面找到今后的出发点。该研究不仅具有重要的理论意义，也有很强的现实意义。

第二节　研究目标

（1）在总结上海农业科技发展现状的基础上，进一步阐述北京、天津都市农业科技创新现状及存在的问题，为下文农业科技实力的测算及效率分析作准备。

（2）以孙桥为案例剖析孙桥园区的技术创新演进路径，反映上海农业技术创新的演进轨迹。

（3）基于层次分析方法、信息熵法构建上海、北京及天津三大都市农业科技实力的评价指标体系，测算三大都市农业科技实力及创新效率，进一步对三大都市农业科技实力及创新效率作对比分析。

（4）采用 Cobb-Douglas 生产函数测算三大都市农业科技进步贡献率，同时对土地、劳动力及资本投入对农业生产发展的贡献进行剖析。

（5）在测算上海、北京及天津农业科技创新效率的基础上，进一步探析上海农业科技资源的配置及冗余问题；构建 DEA-Tobit 两步法模型分析影响上海农业科技创新效率的因素，并进一步分析上海农业科技实力与农业科技创新效率的关系。

第三节　研究内容

遵循以上研究目标，本书研究包含以下主要内容。

（1）上海都市现代农业科技创新的现状分析。

（2）上海农业技术创新路径分析。

（3）都市现代农业科技实力评价的研究方法及指标体系选择。

（4）三大都市现代农业科技实力对比分析。

（5）测算三大都市农业科技创新效率并分析影响三大都市农业科技创新效率的因素。

（6）国外农业科技发展现状及趋势分析。

（7）提升上海农业科技实力及科技创新效率的对策建议。

第四节　结构框架

遵循以上研究思路，本书的结构框架如下。

第一章，绪论。作为全书的导论部分，提出了本书主要研究的问题及基本研究目标，介绍了文章的结构框架及研究内容，给出了全书的主要研究方法和技术路线图，最后分析了本研究可能的创新与不足。

第二章，理论回顾与文献综述。首先梳理了技术诱导变革及技术创新理论的研究进展，随后回顾了生产率及效率的研究进展，考察农业科技实力与创新效率的研究进展，在分析现有文献不足的基础上提出了本研究的问题。

第三章，三大都市农业科技发展现状及存在的问题探讨。在回顾总结 1990 年以来上海都市现代农业科技发展现状的基础上，进一步分析北京、天津都市现代农业科技创新现状及存在的问题。

第四章，上海农业技术创新路径分析。以孙桥为案例回顾分析上海孙桥现代农业园区产业发展总体概况，进一步探讨孙桥园区的科技资源、产学研合作、体制机制等方面发展情况，并分析孙桥园区在发展过程中存在的问题。同时对孙桥现代农业园区农业技术创新模式的演进路径进行探讨，梳理 1994—2015 年间孙桥园区技术创新的模式，分阶段剖析孙桥园区技术创新的演进路径。

第五章，上海市农业科技成果转化现状及存在问题。本章重点以上海为例剖析农业科技成果转化现状及存在的问题，在梳理上海农业科技成果转化交易取得成效的基础上，分析存在问题及原因，提出促进上海农业科技成果转化的对策措施。

第六章，都市现代农业科技实力评价指标构建及评估。本章回顾总结了科技实力的评价方法，根据都市现代农业科技活动的特点，本课题基于层次分析方法及信息熵法，从农业科技研发实力、农业科技示范实力、农业科技推广实力三个方面构建都市现代农业科技实力的评价指标体系，进一步测算上海、北京及天津的农业科技实力并作对比分析。

第七章，三大都市农业科技进步贡献率的测算及分析。采用生产函数模型测算北京、上海及天津三大都市农业技术进步对农业产出增长的贡献，分析农业科技进步贡献率的变动趋势及原因。

第八章，三大都市农业科技创新效率分析。本章选取农业科技投入产出数据，采用数据包络分析方法对三大都市农业科技创新效率进行了测算并作对比分析，探析三大都市在农业科技创新方面的薄弱环节及突出问题。通过构建的 DEA-Tobit 两步法模型，以前文估算的农业科技创新效率数据作为因变量，选取政府投入、科技活动支出、农业产业化程度、科技人员素质、生产规模等影响农业科技创新效率的因素作为自变量作回归分析，探究影响三大都市农业科技创新效率的因素。

第九章，国外都市农业科技创新趋势。本章重点分析了欧美等发达国家农业科技创新发展趋势，重点对装备农业、种源农业、数字农业及农业生物技术产业等的现状及发展趋势进行了分析，以期为国内都市现代农业的科技发展方向提供发展建议。

第十章，结论与展望。本章归纳了全文研究的主要结论和观点，针对实证研究结论，给出了依靠科技促进三大都市农业发展的对策建议，并提出了未来进一步的研究设想。

第五节 研究方法

本研究采用理论分析与统计分析并重，实证分析与规范分析相结合的方法进行研究。具体包括以下几种。

一、层次分析法、信息熵法构建评价指标体系

层次分析法属主观赋权法，信息熵法是客观赋权法。为尽可能消除层次分析法中构建判断矩阵时主观因素的影响，本研究采用层次分析法和信息熵法相结合的方法构建上海、北京及天津三大都市农业科技实力评价指标体系，这样求得的指标权重既能较好地体现专业特点、反映专家意见，又能有效地利用样本统计资料信息。

二、SBM 超效率模型（supper SBM）测算三大都市农业科技创新效率

为了避免传统的 DEA 模型（CCR 模型和 BCC 模型）造成的投入要素“拥挤”（congestion）或松弛（slacks）问题，2001 年 Kaoru Tone 提出一个基于投入松弛测度的解决模型，被称为 SBM（slacks-based measure）模型。这个 DEA 模型很好地解决了传统模型存在的缺陷。

但是在大部分 DEA 模型（包括 SBM 模型）中，普遍存在的一个问题是往往有效率（等于 1）的决策单元不仅仅只有一个，即存在着一个以上的有效率单元。因此进一步区分这些有效率的生产单元成为一项必须面对的问题，即有效单元的排序问题，区分这些有效单元的一个办法是允许效率值大于 1 或等于 1，而不再限制等于 1，较成功地解决此类问题的主要是 Tone（2002），其在 SBM 模型的基础上提出的 SBM 超效率模型。

Tone 首先定义了一个排除了决策单元（x_0，y_0）的有限生产可能性集

$$P\backslash(x_0, y_0)=\{(\bar{x}, \bar{y} \mid \bar{x} \geqslant \sum_{j=1, \neq 0}^{n} \lambda_j x_j, \ \bar{y} \leqslant \sum_{j=1, \neq 0}^{n} \lambda_j y_j, \ \bar{y} \geqslant 0, \ \lambda \geqslant 0\}$$

其中 $P\backslash(x_0, y_0)$ 是指排除了决策单元（x_0，y_0）的生产投入集合。在 $P\backslash(x_0, y_0)$ 投入集的基础上，再定义一子集合 $\bar{P}\backslash(x_0, y_0)$

$$\bar{P}\backslash(x_0, y_0)=P\backslash(x_0, y_0) \cap \{\bar{x} \geqslant x_0, \ \bar{y} \leqslant y_0\} \tag{1-1}$$

由于 X>0，Y>0，所以 $\bar{P} \setminus (x_0, y_0)$ 是一非空集合。它的含义指 (x_0, y_0) 到 $(\bar{x}, \bar{y}) \in \bar{P} \setminus (x_0, y_0)$ 的平均距离。利用此距离定义一指数 δ

$$\delta = \frac{\frac{1}{m}\sum_{i=1}^{m} x_i / x_{i0}}{\frac{1}{s}\sum_{r=1}^{s} y_r / y_{r0}} \tag{1-2}$$

δ 的含义可解释如下：δ 的分子指 x_0 到 $\bar{x}(\geqslant x_0)$ 的平均距离，表示从 x_0 到集合空间 $(\bar{x}, \bar{y}) \in \bar{P} \setminus (x_0, y_0)$ 的点 $\bar{x}$ 的平均扩张程度或扩张率；分母指 y_0 到 $\bar{y}(\leqslant y_0)$ 的平均距离，表示从 y_0 到集合空间 $(\bar{x}, \bar{y}) \in \bar{P} \setminus (x_0, y_0)$ 的点 $\bar{y}$ 的缩减程度或缩减率。δ 的分母越小，y_0 到 $\bar{y}$ 的距离就越远。因此，δ 就是解释成投入空间和产出空间中，特写生产单元与生产前沿面的平均距离。基于上述集合的定义与解释，生产单元 (x_0, y_0) 的 SBM 超效率的规划问题可写成

$$\delta^* = \min\delta = \frac{\frac{1}{m}\sum_{i=1}^{m} x_i / x_{i0}}{\frac{1}{s}\sum_{r=1}^{s} y_r / y_{r0}} \tag{1-3}$$

$$st\ \bar{x} \geqslant \sum_{j=1,\ \neq 0}^{n} \lambda_j x_j$$

$$\bar{y} \leqslant \sum_{j=1,\ \neq 0}^{n} \lambda_j y_j$$

$$\bar{x} \geqslant x_0,\ \bar{y} \leqslant y_0,\ y \geqslant 0,\ \lambda \geqslant 0$$

SBM 超效率模型满足以下两个基本性质：（i）其最优解 δ^* 无量纲；（ii）允许 SBM 的效率值可以大于 1，这样就鉴别了具有充分效率的 SBM 模型的排序及差别程度。

本书采用 SBM 超效率模型测算 1990 年以来上海、北京及天津的农业科技创新效率。选取的投入指标包括：农业科技活动经费内部支出、研究与实验发展（R&D）经费支出、从事农业科技活动人员、研究与实验发展（R&D）人员全时当量等指标。产出指标包括专利申请授权量、国外主要检索工具收录我国农业科技论文总数、技术市场成交额和土地生产率等。

三、DEA-Tobit 两步法分析影响上海农业科技创新效率的因素

本研究采用 DEA-Tobit 两步法（Two-stage Method）分析影响上海农业科技创新效率的因素，该方法第一步采用 SBM 超效率评估出农业科技创新的效率值，第二步以上一步得出的效率值作为因变量，以影响农业科技创新效率的因素作为自变量建立回归模型。由于 DEA 方法测算出的效率值为相对效率，效率指数最低界限是 0，如果直接采

用最小二乘法，会使参数估计发生严重的偏误。为此，第二步采用 Tobit 模型分析影响农业科技创新效率的因素。Tobit 模型为：

$$Y_i^* = \beta_0 + X_i\beta^T + \varepsilon_i\text{，其中 } i=1，2，\cdots，n \tag{1-4}$$

$$Y_i = \begin{cases} Y_i^*，& Y_i^* > 0 \\ 0，& Y_i^* \leqslant 0 \end{cases} \tag{1-5}$$

Y_i^* 为潜变量（Latent Dependent Variable），Y_i为上文测算的效率值，X_i为影响农业科技创新效率的因素，β 为相关系数向量，ε 为随机扰动项。

第六节　数据收集及获取

本书所需数据分别来自北京、上海及天津地区的统计年鉴、农村统计年鉴、统计公报及调研数据等，为了完成本书的研究内容，拟调研的相关企业、机构以及其他对象名单如下。

上海市科学技术委员会；上海市农业农村委员会等政府部门、市农业技术推广部门、市统计局，获取农业科技投入、产出方面的数据资料，了解农业科技方面的相关政策；农业类高校及科研机构，选取上海交通大学安泰经济与管理学院、农业与生物学院及上海市农业科学院、上海市科技项目（评估）中心等单位的相关专家，通过专家访谈咨询，制定农业科技实力的评价指标体系。

此外，北京市农村工作委员会、天津市农业农村委员会、科学技术委员会、农业技术推广部门、统计局等，获取农业科技投入、产出方面的数据资料，了解农业科技方面的相关政策。

第七节　技术路线图

本书将在分析上海农业科技现状及成果转化现状的基础上，同时剖析北京、天津都市现代农业科技发展现状，基于层次分析方法、信息熵法构建三大都市现代农业科技实力的评价指标体系，测算上海、北京及天津农业科技实力并对三大都市的农业科技实力作对比分析；采用 Cobb-Douglas 生产函数测算了三大都市农业科技进步贡献率，通过 SBM 超效率模型测算三大都市农业科技创新的效率，深入剖析上海及北京、天津的农业科技资源配置及冗余问题，进一步构建 DEA-Tobit 两步法模型分析影响三大都市农业科技创新效率的因素，在了解国外先进农业科技发展现状及趋势的基础上，最后提出提升三大都市农业科技实力及创新效率的对策建议。

基于以上研究思路，本书的技术路线图如下页图所示。

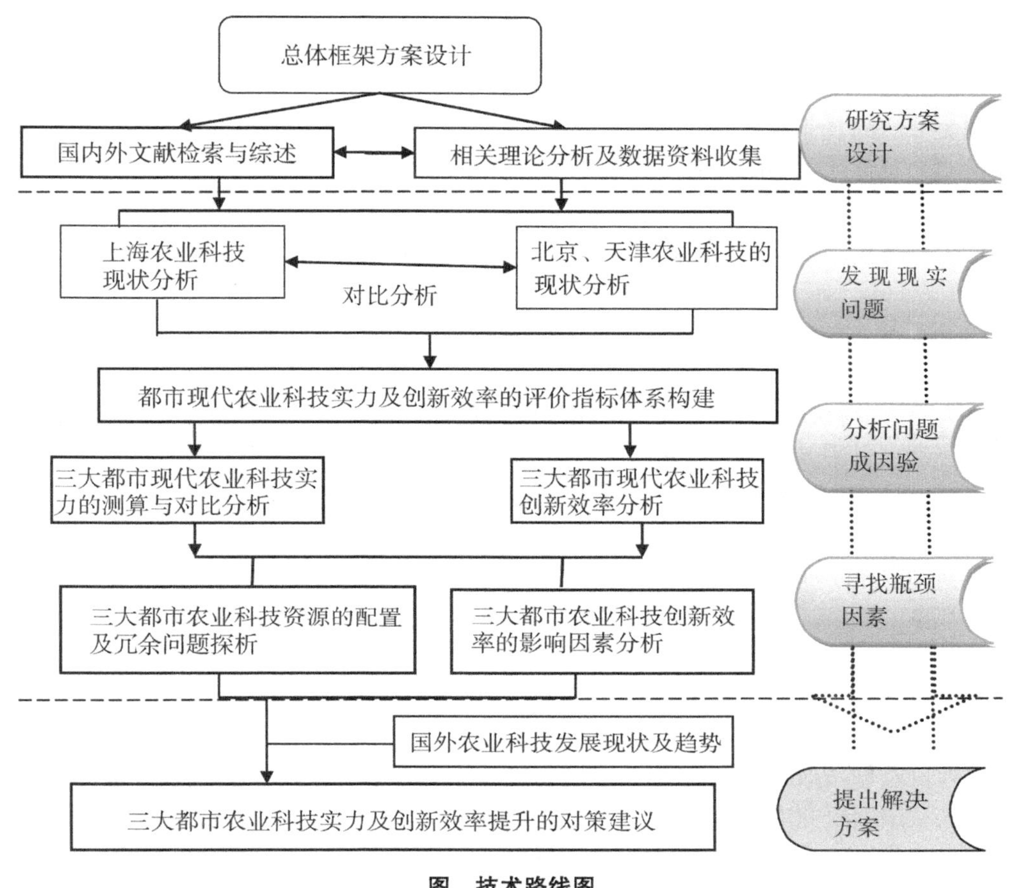

图 技术路线图

第八节 研究的价值和创新点

一、研究的价值

理论上，从国内外现有的研究成果看，虽然国内外对科技实力问题进行了长达近半个世纪的研究，但由于其本身的复杂性，评价指标体系和运算模式仍不够成熟，仍处于不断研究、探索的过程中。本书以技术创新理论、生产率理论为基础，以北京、上海及天津的农业科技为对象进行农业科技实力、创新效率研究与分析，将是对现有研究的重要补充，拓展了农业科技实力及科技创新效率的研究内容及范围。

实践上，作为三大都市的上海、北京及天津，农业对三大都市的城市运行安全、生态环境保护等具有不可或缺的重要作用，三大都市农业科技要引领全国、服务全国，凸显大都市农业服务全国的战略需要强劲的农业科技实力，因此很有必要对三大都市农业科技的实力与创新效率情况进行全面摸底。鉴于此，本书通过对上海、北京及天津农业科技实力与创新效率的测算分析，了解上海农业科技的实力及与北京、天津农业科技差距及不足，为三大都市农业科技进步及创新效率提升提出对策建议。该研究成果可以为政府相关部门的农业科技方面的决策提供理论与实践依据，有助于促进三大都市农业科技综合实力及创新效率的提升，有助于依靠科技进步促进都市现代农业的发展。

二、研究的创新之处

（1）研究方法的创新。以生产率理论、技术创新理论为基础，运用层次分析方法、信息熵法构建三大都市农业科技实力评价指标体系，通过 SBM 超效率模型测算上海、北京及天津农业科技创新效率并作对比分析，并对三大都市农业科技实力的进展阶段进行分析评判，采用 DEA-Tobit 两步法深入探析上海农业科技创新效率的影响因素，本课题的研究方法拓展了科技创新实力及创新效率的研究内容。

（2）研究视角的创新。上海农业科技要引领全国、服务全国，了解其农业科技实力及创新的效率是非常必要的。本书不仅测算上海农业科技实力及创新效率，而且还对同为大都市的北京、天津农业科技实力及创新效率进行了测算，并作对比分析，有助于全面了解三大都市农业科技的实力及创新的效率与同类城市的差距，进而为推动大都市农业科技进步及创新提出建议，该研究更具有针对性、更有现实意义。

（3）研究领域的创新。现有关于科技实力及创新效率的研究较多，但关于农业科技实力评价及创新效率的研究较少。本书以国际大都市的上海、北京及天津为分析对象，从区域层面研究农业科技的实力及创新的效率，而且还对不同区域的农业科技实力及创新效率作对比分析。该研究拓展了科技实力及创新效率的研究领域与范围。

第二章　理论回顾与文献综述

第一节　理论回顾

由经济增长理论可知，促进一个产业增长的源泉要么是要素投入的增加，要么是技术的创新与技术进步，由于要素投入的不可持续性，技术问题特别是技术创新及生产率问题成为研究产业技术进步与创新的焦点。同时，科技创新实力与效率是衡量产业发展水平的重要评价标准，为了探究产业的增长及其绩效水平状况，有必要对技术创新及生产率理论进行较全面的回顾。

一、技术创新理论

技术创新理论（Technical Innovation Theory）首次由熊彼特（Joseph A. Schumpeter）的《经济发展理论》系统的提出。创新一般包含 6 个方面的内容：制造新的产品、采用新的生产方法、开辟新的市场、获得新的供应商、获得原材料或半成品的新的供应来源、形成新的组织形式创造或者打破原有垄断的新组织形式。因此创新并不仅仅是某项单纯的技术或工艺发明，某种意义上是一种不停运转的机制，只有引入生产实际中的发现与创造，并对原有生产体系产生巨大影响，才是创新。

后来熊彼特的创新理论被他的追随者发展成为当代西方众多经济学理论的两个分支：一是新古典经济学家将技术进步纳入新古典经济学的理论框架，主要成果就是新古典经济增长理论和内生经济增长理论。1976 年的诺贝尔经济学奖获得者罗伯特·索罗（Robert Solow）于 1956 年提出了新古典经济增长模型，使用两类投入（资本和劳动）生产一种均质产品，首先假定技术保持不变，集中考察资本在经济增长中所起的作用（资本累计模型）。1986 年罗默（Paul. Romer）在《收益增长和长期增长》中，把技术进步视为经济的内生变量和知识积累的结果，认为知识积累才是经济增长的原动力。二是侧重研究技术创新的扩散和技术创新的“轨道”和“范式”等理论问题。从熊彼特提出创新理论至今已有 100 多年的时间，这期间有众多学者对技术创新问题进行了大量研究，形成了许多有特色的理论。20 世纪 70 年代形成了创新研究的“线性范式”。该范式认为技术创新一般经历发明—开发—设计—中试—生产—销售等简单的线性过程，局限于单个企业内部的技术过程。后来的研究发现外部的信息交换及协调对于创新具有重要的作用，它可以有效克服单个企业技术创新时的能力局限，降低创新活动中的技术和市场不确定性。此后，创新研究的视野从单个企业内部转向企业与外部环境的联系和互动，导致网络范式的兴起。阿歇姆（Asheim T.，1998）对线性范式与网络范式的特征进行了比较。“网络范式”最初应用在国家层面，形成了“国家创新系统”理论。随着全球化的发展，经济意义上的“国家状态”日益让位于“区域状态”。

但是由于这些研究的出发点和前提存在着不同程度的差异，再加上技术创新是一个涉及面广，且是十分复杂的过程，所以至今各专家学者以及研究机构对“技术创新”概念的定义并没有形成统一意见。

二、技术创新理论的发展

1. 技术创新的新古典学派

技术创新的新古典学派以索洛（S. C. Solow）等人为代表，认为技术创新是经济增长的内生变量，是经济增长的基本因素。1957 年索洛在其发表的《技术进步与总量增长函数》中对美国 1909—1949 年间非农业部门的劳动生产率发展情况进行实证分析，结果发现在此期间，劳动生产率提高的主要贡献来自技术进步。

2. 技术创新的新熊彼特学派

技术创新的新熊彼特学派以曼斯菲尔德、卡曼等人为代表，该学派坚持熊彼特创新理论的传统，强调技术创新和技术进步在经济发展中的核心作用，认为企业家是推动创新的主体，侧重研究企业的组织行为、市场结构等因素对技术创新的影响，提出了技术创新扩散、企业家创新和创新周期等模型。通过市场结构、组织行为与技术创新的深入分析，新熊彼特学派认为当市场结构存在一定程度的垄断又保持一定程度的竞争时，该市场结构最有可能促进技术创新，而且可能出现重大的技术创新。

3. 技术创新的制度创新学派

技术创新的制度创新学派以兰斯·戴维斯和道格拉斯·诺斯等人为代表。该学派利用新古典经济学理论中的一般静态均衡和比较静态均衡方法，对技术创新的外部环境进行制度分析认为，制度创新决定技术创新，好的制度选择会促进技术创新，不好的制度设计将遏制技术创新或阻碍创新效率的提高。

4. 国家创新系统学派

技术创新的国家创新系统学派以英国学者克里斯托夫·弗里曼、美国学者理查德·纳尔逊等人为代表，弗里曼于 1987 年提出国家创新体系（National Innovation System）概念，国家创新系统理论侧重分析技术创新与国家经济发展绩效的关系，强调国家专有因素对技术创新的影响，并认为国家创新体系是政府企业、大学研究机构、中介机构等为寻求一系列共同的社会经济目标而建立起来的，将创新作为国家变革和发展的关键动力系统。

三、生产率及效率研究进展

第二次世界大战以前，生产率的概念主要指的是劳动生产率，即工人的人均产出量或每小时的产出量，美国劳工统计局 1926 年最早规范的使用“人时产出量”（output per man-hour）作为计算各产业部门年度生产率指数的方法，当时的生产率概念指的是单要素生产率。

对生产率的定量研究开始于 20 世纪 20 年代，柯布·道格拉斯提出生产函数理论后，生产率在经济增长中的作用逐步量化和系统化。丁伯根（Tinbergen，1942）的研究跨出了道格拉斯使用过的概念的关键一步，即他在资本和劳动投入的函数中添加了一个时间趋势，用来表示“效率”的变动水平，并把产出作为资本、劳动和时间的函数。在该文中，丁伯根定义了全要素生产率，并比较了法国、德国、英国和美国 4 国从 1870—1914 年间的实际产出、实际要素投入和要素生产率的变动趋势，因此，丁伯根被西方经济学界公认为首次运用全要素生产率比较研究不同国家生产率的第一人。但由于该篇文章语言的限制，直到 1955 年才由范拉冯斯范尔（Valaranisvail，1955）提供该文的英文介绍，随后被索洛等经济学家广泛引用。

随后不久，美国经济学家施蒂格勒（G. J. Stigler，1947）独立地提出全要素生产率的概念，他计算了美国制造业的全要素生产率，他研究的基点是用边际产品加权实际资本投入和劳动投入以测度实际要素投入，在此基础上测度生产率的变动。

美国的 S. Fabricant（1959）也被认为是这一时期对生产率理论做出突出贡献的经济学家之一。他认为生产率表示在经济历史、经济分析和经济政策中被广泛应用的各种以经验为依据的投入产出比率。此概念可以从四个层面来进行理解：首先是生产率对劳动的计量，劳动随着环境的变化而具有多样性；其次，生产率的测量要与生产中使用的各种资源（人力资源和资本）效率结合在一起；再次，生产率反映了实际工资的变化趋势；最后，生产率是决定劳动力和资本需求的主要因素之一。他还强调将劳动生产率和资本生产率相结合的重要作用，即全要素生产率的重要性。

第二节　关于农业科技实力与创新效率的文献综述

农业科技实力是一个国家和地区农业综合实力的重要表现，在科学技术日新月异的今天，一个国家或者地区农业综合实力的竞争归根结底是农业科技实力的竞争。纵观农业发展史，科技进步和技术变革始终是农业农村发展的主要动力和源泉，通过农业科技进步实现创新驱动、内生增长及转变农业发展方式是现代农业发展的根本出路。

国际金融危机爆发以来，发达国家非但没有放慢农业科技进步，反而对农业科技发展作出了新的部署，采取了更加有力措施展开了新一轮抢占农业科技和产业发展制高点的竞争。与此同时，各国和地区通过农业科技实力的比较，从中发现自身存在的不足及农业科技发展的动态和趋势，从而进一步促进农业科技实力的提高。因此有关农业科技实力与创新效率的研究和评价得到迅速发展，越来越多的研究机构、专家学者加入这一领域的研究中，本部分将在对科技实力及创新效率文献回顾的基础上，进一步阐述农业科技实力及创新效率的研究进展，以期促进农业科技实力与创新效率的研究进一步拓展。

一、科技实力评价的国内外研究现状

随着科学技术日益重要，许多国家以及研究机构、专家学者关注科技实力的评估，各种不同的评价报告不断涌现，且各有特色。对国家科技实力进行评估与分析最早始于美国。20 世纪 70 年代初，美国国家科学委员会（NSB）发布《科学指标》（1987 年起改为科学与工程指标），该指标的每一部分都包含数量众多的指标，并且随着全球科技和经济发展的变化而变化，该报告已经成为美国科学和工程研究以及教育状况最有影响力的报告。目前《科学与工程指标》（Science And Engineering Indicators 2012）被许多重要的国际竞争力评价系统应用，是一种较全面、较科学、较好的科技评价工具。随后，对有关科技实力的评价研究迅速发展，如瑞士洛桑国际管理学院（IMD）自 1986 年起每年发表一期《世界竞争力年鉴（WCY）》（简称《洛桑年鉴》），对有关国家和地区的国际竞争力进行分析评价，《世界竞争力年鉴》中的国际竞争力数据资料已成为全球各国了解自身状况、把握世界各国国际竞争力趋势的重要参考依据，参评国家和地区不断增加。世界经济论坛的《全球竞争力报告》也是全球最具影响力的报告之一。《全球竞争力报告》与瑞士洛桑国际管理学院每年发布的《世界竞争力年鉴》同被视为国际上最权威的竞争力排名，但二者的侧重点各有不同。前者侧重世界影响力，后者则侧重统计上的数据。相比较而言，《世界竞争力年鉴》的排名更加客观。此外，美国国家科学基金会《全球高科技指标》报告、科学情报研究所的科学引文索引（Science Citation Index，SCI）、经济合作与发展组织（OECD）编撰的《主要科学技术指标》、联合国教科文组织发布的《科学报告》等有关科技实力的报告中，对各国政府了解本国科技实力、制定科技政策产生了巨大影响。

在科技实力的评价方法中，早期的有公式法，如美国战略与国际研究中心的克莱因（Ray S. Cline）提出的“国力方程”，该评估方法在指标体系、定量分析上迈出了关键性的一步，对以后有关综合国力的定量研究有着很大的影响。但由于其创立的历史背景及创立目的限制，该方法具有明显的片面性。科技知识储备量法也是较早采用的评价方法，该方法在美国、日本也曾得到运用，但由于该方法具有严格的假设前提，对数据要求苛刻，应用较少。在科技实力评价方法中，多采用指标体系综合评价法，其核心内容是通过建立与科技实力相关的指标体系，在采用一定的分析方法对诸多指标进行综合并计算。如《全球竞争力报告》从 2004 年开始采用萨拉·伊·马丁设计的全球竞争力指数，全球竞争力指数由基础条件、效率推进、创新与成熟性三大因素决定；三大因素又被具体化为 12 项一级指标来衡量一国或地区综合竞争力状况。12 项指标分别为：制度、创新、宏观经济环境、医疗卫生和基础教育、高等教育与培训、商品市场效率、劳动力市场效率、金融市场发展水平、技术就绪度、市场规模、商业成熟度及创新。

《世界竞争力年鉴》基于经济学基础，应用统计指标和问卷调查结果构建了系统的评价指标体系，通过硬指标（统计数据）及软指标（问卷调查数据）构建评价指标体系对不同经济体的国家竞争力进行评价和排序，对影响全球经济发展的主要国家和区域在国际上综合竞争能力进行测度。《全球高科技指标》报告、科学情报研究所的科学引文索引（Science Citation Index，SCI）、经济合作与发展组织（OECD）编撰的《主要科学技术指标》、联合国教科文组织发布的《科学报告》等根据分析的侧重点不同构建不同的评价指标体系进行评价，如《全球高科技指标》以国家科技竞争力趋向、社会经济设施、科技设施和生产力四个领域为标准对一国的科技地位进行排名。OECD 的《主要科学技术指标》通过 R&D、专利、技术国际收支、R&D 密集产业的外贸方面的指标以及相关的经济指标数据对一国的科技实力进行评估。

总体上看，许多国际组织及发达国家对科技实力的内涵及评价方法已经进行了长期的、卓有成效的研究，然而由于科技实力既包涵科技，又牵涉影响科技发展的经济、社会、制度和文化环境等多方面的因素，所以尽管世界上各发达国家对其进行了多年的研究，然而至今尚未提出一种统一而完善的指标体系和运算模式。

我国自 20 世纪 80 年代以来对科技实力也进行了大量的研究，并取得了丰富的成果。从 1999 年开始，中国科技发展战略研究小组承担了《中国区域创新能力报告》的研究工作，至今已有 14 年，该报告通过建立的科技发展评价指标体系深入解读区域创新能力的排名变化及特点，权威、综合、动态地给出了各省（自治区、直辖市）的创新能力排名和各项创新能力分析，为地方政府了解本地区的创新能力提供了一个很好的平台（柳卸林、高太山 、周江华，2014）。

随着经济全球化进程的快速发展，国际国内的竞争日趋激烈，经济竞争、综合国力的竞争等越来越表现为科技的竞争，科技实力的评估受到国内学者越来越多的关注（蒋国华，2000；冯振环，2002；黄健元、程逸楠，2005；刘建党，2006；王婷、刘勇、叶中华，2008；杨朝峰、赵志耘，2009）。一方面是从宏观角度对科技实力进行评估，宋卫国等（2009）研究了改革开放以来至“十五”计划间国内主要研究机构的科技进步状况，结果表明科技进步成效显著。胡鞍钢等（2008）对中国 1980—2004 年间的科技实力进行定量评估，结果显示，中国科技实力持续迅速上升，改变了世界科技格局，中国科技实力上升是由四大因素所驱动：对外开放与经济和科技全球化；企业成为技术创新的投资主体、开发主体和购买主体；中国政府实行“科技促进型”指导政策；中国持续高速经济增长的需求与供给因素等。李柄军等（2007）通过评价指标体系的建立对中国 30 个省市的农业科技实力进行综合评价，结果显示各省的农业科技综合实力排序与其经济实力大体相当，但 30 个省级区域都不同程度地存在着创新不足的现象。刘建党（2008）对中国三大经济区域的科技实力进行评估，结果显示，中国东部地区的科技财力投入和高新技术产出水平省际差距都比较大，几乎所有中、西部省份的科技财力投入和高新技术产出都低于全国平均水平，三大经济区域的科技人力投入呈现明显的梯度变化态势。赵艳英（2008）从人力投入、财力投入、创新能力和高科技产出四个方面构建科技实力水平的评价指标体系，对我国 29 个地区科技水平进行测算，结果显示大部分地区的科技实力水平欠佳，且区域差别较大。

另一方面，部分学者关注地区的科技实力并进行评价分析，测算科技进步贡献作用（陈榕，2004；郑小勇，2004；朱团钦，2005；李写一、郭亚军，2007；孟波、张定猛、张桂平，2009）。陈冬生等（2003）通过引入衡量国民经济投入产出及科技进步之间的对应关系变量，对武汉市1980—2003年各年度的科技进步进行测量，得出其总体水平偏低的结论。于洁等（2009）采用DEA-Malmquist指数方法，对我国的科技进步能力进行了评估，王郁晶等（2009）则对江苏省工业各细分行业的科技进步贡献作用进行测算，得出江苏省工业行业TFP增长率总体呈现下降趋势。陈玉娟等（2011）通过构建包括科技投入、科技产出和科技影响三个方面的区域科技实力评价指标体系，运用熵权改进密切值法对1996—2008年浙江省科技实力进行了动态综合评价，结果表明浙江省科技整体实力呈增强发展趋势。1998年福建省各城市的科技实力评估显示，各城市科技实力评估差距较大（庄裕美、刘宁，2000）。赵瑞芬等（2017）采用全局熵值法对2011—2015年京津冀区域创新能力进行动态比较分析。分析结果表明，在京津冀协同发展框架下，北京、天津、河北区域创新能力梯度差较大，京津冀区域内部发展极不平衡。谢守红等（2017）采用主成分分析法对长三角城市群各城市的创新能力进行了定量评价，并采用聚类分析和空间自相关分析对其差异特征进行了分析。结果显示，长三角城市群各城市的创新能力差异显著，长三角城市群创新能力在空间上表现为同类集聚倾向，呈现出明显的马太效应。科技实力不仅在地区间有差距，在不同行业间也有差距。黄健元等（2005）对长三角江浙沪地区高技术行业的科技实力进行评价，汪晓萍等（2005）对湖南省林业的科技实力进行评价。此外，诸多学者还对电子信息产业、烟草产业、钢铁产业、文化产业、化工产业等不同行业的科技实力进行了探究（夏万利，2009；周耀辉，2010；张庆芝等，2014；董丽丽等，2013；陈超等，2009）。

众多学者关注科技实力的同时，国内科技创新环境也发生了很大的变化，当科技创新环境处于良好状态时，创新主体才能借助良好的创新环境外力作用发挥最大的效率（翁媛媛、高汝熹，2009）。改革开放以来，中国科技经历了“跨越式”发展，由世界新科技革命的“落伍者”转变成为“科技大国”，其中对外开放和科技全球化、市场、政府导向与经济高速增长的拉动是中国科技快速发展的四大驱动力（胡鞍钢、熊义志，2008）。徐永智（2017）从知识能力和创新环境方面构建区域创新指标体系，对我国东部各省市区域创新能力进行评估，结果显示创新的环境对区域创新能力具有显著的正向作用。然而，由于我国科技创新投入增长过快，资源冗余严重，大多数省份科技创新实力和效率呈现了不均衡状态，形成“实力强、效率低”或“实力弱、效率高”的态势（张巍、高汝熹，2013）。吕可文（2017）则基于知识创新能力、企业创新能力、区域创新环境和区域创新绩效4个方面，采用多层次因子分析法对我国中部六省的区域创新能力进行横向及纵向对比分析。结果发现我国中部地区区域创新能力整体仍然偏弱，且呈周期性波动，创新环境还有待提升。总之，目前我国的科技创新效率仍制约着科技创新有效实力的提高。

二、科技创新效率研究的国内外研究现状

科技创新效率是反映科技资源配置和运营科技资源能力的重要指标，创新效率的高低直接或间接地体现创新体系运行的水平和质量。近年来，科技创新效率问题引起了国内外学者的广泛关注。对科技创新效率的研究主要集中在三个层面：企业层面、产业或行业层面及区域层面。根据研究对象的差异，选取不同的方法对样本对象进行技术创新效率的测算和比较。在研究方法选择上，以 SFA（Stochastic Frontier Analysis，随机前沿分析）为代表的“参数法”（Parametric）和以 DEA（Data Envelopment Analysis，数据包络分析）为代表的“非参数法”（Non-parametric）应用最为普遍（Shekhar Jayanthi et al.，1999；Nasierowskiw et al.，2003；Frantzen，2003；VikramSingh，2009）。

Sueyoshi T et al.（2013）通过数据包络分析—判别分析，研究日本信息技术产业的研发效率。Odeck J et al.（2012）综合利用数据包络分析与随机前沿生产函数，测度海港城市的科技效率。Lafarga C V et al.（2015）利用数据包络分析对墨西哥的区域创新系统效率进行测度。Xie Xin et al.（2015）利用随机前沿分析方法，对科技创新效率和非效率因素进行了测算。Afzal M N I et al.（2014）利用 DEA 和 Tobit 回归模型，对 20 个国家的创新效率进行评价，并找出效率低下的原因。Hu J L et al.（2014）通过距离函数方法，对比分析 24 个国家的科技研发效率。

相比国外，对于中国这样一个正处在工业化加速阶段的发展中国家而言，投入技术创新活动的资源仍然具有很强的稀缺性，这就需要不断致力于提高创新活动投入资源的利用效率（冯宗宪、王青、侯晓辉，2011）。近年来，国内学术界较多采用数据包络分析（DEA）方法及随机前沿分析方法对科技创新效率进行分析研究（朱有为、徐康宁，2006；官建成、陈凯华，2009；余泳泽，2009；项本武，2011；黄贤凤、武博、王建华，2013；杜娟，2013；王江，2014；肖文、林高榜，2014；晏蒙、孟令杰，2105；戚湧、郭逸，2015；赵丽娟、张玉喜、潘方卉、王磊，2016；李鸿禧、迟国泰，2106；陈振、郑锐、李佩华，2017）。在当前促进技术创新、建设创新型国家的大背景下，技术创新效率的差距是我国经济区域发展不平衡的重要表现与深层原因，虞晓芬等（2005）利用 DEA 方法，对我国 30 个省市自治区 1999—2002 年的技术创新效率进行了测算，结果显示，我国区域技术创新效率呈现由东到西逐渐下降的趋势。进一步的计量分析表明，企业性质、人力资本、产业结构等是影响我国各省市自治区技术创新效率的显著因素。刘凤朝等（2007）采用 Malmquist 指数方法测算了我国科技创新效率的变动趋势，20 世纪 90 年代以来我国科技创新效率的增长主要是由技术进步推动，资源配置效率对科技创新效率的增长贡献较小。于洁等（2009）采用 Malmquist 指数方法，对我国科技进步贡献率进行了定量分析。结果表明，在 1979—2004 年，技术进步贡献大于全要素生产率。王江（2014）则对我国 30 个省市区 2005—2012 年的科技创新效率进行了分析，发现西部地区科技创新效率明显低于东部、东北部和中部，技术进步的下降是引发科技创新效率下降的主要因素。

为了促进经济发展，地方政府纷纷出台各种政策，支持本区域的技术创新活动，

部分学者认为政府投入有利于科技创新效率的提高（唐清泉、卢博科，2009；白俊红、李婧，2011）。赵付民等（2006）以29个省市的统计数据为样本，考察了我国政府资助对企业研发行为的影响。研究表明，无论政府资助是直接投向企业还是投向研究机构，都有助于研发创新的显著提升。史修松等（2009）对中国区域创新效率的分析结果显示，中国区域创新效率总体水平不高，区域差异较为明显，东部地区的创新效率要高于中西部地区，其中区域创新经费投入对区域创新效率有较大的推动作用并大于人力资本的推动作用。樊绮等（2011）以国家和区域为研究单位，对政府R&D补贴影响区域创新产出效果进行了实证研究，分析结果表明，政府R&D补贴对区域创新产出具有显著的正向作用，经济相对落后、科研实力较弱的省份所具有的R&D创新产出弹性显著小于经济发达、科研实力雄厚的省份。刘继兵（2014）以信息技术产业作为战略性新兴产业的代表，研究了政府补助对企业创新效率的具体影响。研究发现，政府补助对刺激企业创新活动具有明显作用，并能显著提高企业创新产出和创新效率。

有的学者研究表明政府投入与创新活动的技术效率之间呈现出不显著的负相关关系，甚至有显著的负面影响（白俊红、江可申、李婧，2009；冯宗宪、王青、侯晓辉，2011），冯宗宪等（2011）实证分析了政府投入与市场化程度变量对创新效率的影响程度与方向。研究发现，政府投入与创新活动的技术效率之间呈现出不显著的负相关关系，其对创新活动的规模效率则具有显著的负向影响。白俊红等（2009）研究显示政府资助对创新效率的提高并没有促进作用，反而有显著的负面影响，分析认为政府进行科技资助其目的主要是引导企业研发投入的方向，降低企业的研发成本，克服由于技术外溢而带来的私人投资与收益不对等问题。但政府资助同样是一把“双刃剑”，政府资助在提高企业研发积极性的同时也会产生一些不利的影响。江静（2011）对不同地区、不同行业、不同企业性质的政府R&D补贴效果进行了实证研究。分析结果表明，对内资企业而言，政府R&D补贴对企业研发投入有显著的促进作用，但对港澳台企业和外商投资企业来说，政府R&D补贴挤出了企业原先的研发投入。而学者姜宁和黄万（2010）对我国高新技术产业五个细分行业2003—2008年度的数据进行分析，认为政府补贴对企业研发投入的影响具有不确定性，其具体效应与补贴率高低有关。此外，李鸿禧等（2016）以企业作为科技投入和产出的主体，通过数据包络分析中CCR模型和BCC模型测算中国15个副省级城市科技创新的总体投入产出效率、纯技术效率和规模效率。实证结果表明，财政科技经费投入及规模以上工业企业新产品产值不高等因素导致了不同副省级城市之间的创新效率低下。总体来看，学者的研究结论并不一致，该研究还有待进一步探讨。

农业是国民经济发展的基础产业，研究农业科技创新效率对于促进农业科技进步、促进农业经济增长、实现农业可持续发展等具有重要意义。张晓芳等（2010）通过以生产者、传播者、使用者为主要成员的农业科技创新系统进行分析，了解农业科技创新从投入产出的整个过程，构建农业科技创新绩效评价指标体系。旷宗仁等（2012）从投入与产出两个方面对农业科技创新进行描述性分析，提出通过改变投入理念，调整评价方法等促进农业科技创新发展的途径。杜娟（2013）根据我国农业科技投入方向、力度、比重、创新产出水平，建立了基于 DEA 的农业科技投入产出评价模型，分析了农业科技创新投入产出效率。研究结果表明，我国部分地区的农业科技投入产出处于非 DEA 有效状态，在很大程度上是由于投入规模不当和产出不足。申志平（2014）通过构建农业科技创新投入产出指标体系，应用 DEA-Tobit 模型从系统功能的方法论体系出发，深入分析了影响农业科技创新效率的外生变量。张静和张宝文（2011）对 1990—2008 年间中国农业科技创新效率进行了测算，研究认为，我国农业科技创新效率的增长主要是由技术进步所引起的，并非得益于技术效率的改善。科技市场的发育程度、政府支持力度、农村劳动力受教育程度、农村生产力发展水平、农村经济发展水平等对农业科技创新资源的配置效率均具有显著的正向影响，这些因素是当前影响农业科技创新资源配置效率的核心要素（董明涛，2014）。赵丽娟等（2016）运用 SFA 模型测度了中国农业科技创新效率，得出对农业科技创新效率有促进作用以及阻碍作用的指标。农村生产力发展水平、农村经济发展水平、市场化程度对农业科技创新效率促进作用显著，而劳动者素质对农业科技创新效率的促进作用不显著，出现负面效应。陈祺琪等（2016）利用 Dagum 分解的基尼系数分析了中国农业科技创新资源配置的区域公平性问题，得出区域内（间）农业科技资源配置能力差异明显，且中国农业科技资源配置能力的差距主要来自区域间的差异的结论。陈振等（2017）对 2006—2015 年全国 31 地区的农业科技创新投入—产出效率和全要素生产率进行测算，结果表明 12.9%的地区农业科技创新效率有效，东部地区的农业科技创新水平显著高于西部地区，其中技术变化指数下降是阻碍全国农业科技创新全要素生产率的主要原因。付野等（2011）研究农业龙头企业的农业科技创新效率，结果发现农业龙头企业技术创新效率并不乐观，综合技术效率偏低，普遍存在企业规模小、科技人员数量少、企业科技研发投入不足和资源利用效率不高等现象。总体来看，研究农业科技创新效率方面的成果相对较少，较为零散，还有待进一步深入。

三、文献述评

从以上分析可以看出，国内外学者对科技实力、科技创新效率进行了深入的研究，研究内容日趋丰富，研究方法不断创新，已在制度经济学、科学学和科技管理学等学科中产生广泛影响。各国和地区对科技实力的评价侧重点不同，因此构建的指标体系也各有侧重，在经济的不同发展阶段，技术对于经济的促进作用，对提高经济竞争力的作用与其他因素相比较是有差异的。

总体来看，关于科技实力、农业科技实力及创新效率的研究中，存在以下问题。

（1）国际上具有权威性、且单独进行科技实力的研究及评价的机构还很少见，科技实力仅仅作为一个要素存在于各国和地区的科技发展及综合国力的评价中。

（2）有些报告依赖于大量的问卷调查数据进行分析评价，不可避免给评价结果带来主观性色彩，影响评价的客观性。

（3）国内外众多专家学者对科技实力与科技创新效率研究的较多，但农业科技实力评价及创新效率的研究非常少，研究内容、研究方法还有待进一步拓展。

(4) 关于科技实力的研究大都以分省份或者分区域从宏观角度研究为主，主要集中在科技活动本身，由于农业生产的自身特性，农业科技实力评价指标体系的构建也要依据当地农业生产的实际特点，不同的区域差异较大，因此农业科技实力及创新效率的评价不能仅仅局限于农业科技活动的本身，还要考虑科技活动所处的环境条件、自然地理等因素。要全面客观地评价科技实力及创新效率，应该采用完整的评价指标体系来描述科技实力及创新效率，并进一步反映科技发展的趋势和方向。

第三章　三大都市农业科技发展现状及存在的问题探讨

北京、上海和天津是我国三大直辖市，经济发达。三大都市以农业科技为支撑，大力发展都市现代农业，高新技术不断推进农业生产变革。伴随着现代农业科技的发展、创新和突破，北京、上海和天津的农业经济得到了飞速增长。以上海市为例，上海农业总产值由 1978 年的 18.26 亿元（人民币，下同）增长到 2016 年的 285.09 亿元，30 年间增长了近 15 倍。随着工业化和城市化进程的加快，三大都市的土地和劳动力价格不断上升，农用土地资源不断减少、农业劳动力资源供给不足等问题日益凸现。为了保持农业生产的稳定增长，北京、上海及天津市政府不断加大农业科技的投入力度，农业科技创新在农业经济增长中发挥了举足轻重的作用。

随着城市化进程的进一步加快，三大都市的土地资源、农业劳动力等投入要素资源变得更加稀缺，农业的发展无疑将越来越依赖于农业科技创新与进步。作为论文的研究对象，本章将对北京、上海及天津三大都市的农业科技发展现状进行分析，使我们对三大都市的农业发展情况及特点有所认识。

第一节　上海农业科技发展现状及存在问题分析

一、农业科技发展现状

1. 农业科技服务现状

进入 21 世纪以来，上海持续开展农业科技自主创新，农业科技成果不断得到推广与应用，农业生产基本实现良种化，全市奶牛、生猪良种率达 100%，2016 年上海农产品质量安全抽检合格率达 99%，“三品”认证农产品产量比重达 73%。通过科技兴农，培育了新品种，推广了新技术，促进了郊区农业结构的调整和优化，在郊区形成了有一定规模和市场影响力的特色农产品。如嘉定马陆葡萄、南汇西甜瓜、青扁豆、水蜜桃、奉贤黄桃、金山蟠桃、青浦草莓、茭白、崇明花菜、蟹、奉贤南美白对虾等特色农产品。

不仅如此，上海农业科技服务全国的能力进一步提升。据统计，仅上海市农业科学院在全国各地的新品种和技术示范基地有 150 多个，广泛分布于 21 个省、自治区、直辖市的 98 个县（市）；通过引进、消化吸收和再创新研发的智能温室及其配套产品，替代进口，占全国市场份额的 50%以上；双低油菜“沪油”系列在江、浙、沪、皖、鄂、渝等省市累计推广面积达 2 500 余万亩。

2. 农业机械化进程逐步推进

截至 2016 年年末，上海市秸秆综合利用率和畜禽粪便处理利用率分别达到 93%和 78%以上，主要粮食作物耕种收综合机械化水平达到 87%，农作物机械化水平达到 83%，稳步发展水稻机械化插秧，加快推广水稻机械穴直播，2015 年水稻机械化种植面积达到 81.5 万亩，机械化种植率达 56%。加快蔬菜机械化生产，先后从日本、韩国、意大利等国家引进了蔬菜作畦播种、移栽收割等蔬菜生产机械化技术装备，并开展了研发创新和示范推广。组织有关科研院校和农机推广部门以主要绿叶菜关键技术突破为重点，推广机械化耕整地、起垄作畦、精量播种、移栽收割、水肥一体化等技术装备，制定相关的技术作业规程，在郊区主要的绿叶菜生产园艺场组织示范应用。

3. 农业科技平台建设现状

近年来，推进食用菌、大麦、桃、水禽、水产、奶牛、西甜瓜、玉米、葡萄等岗位科学家的研发和油菜、水禽、大宗蔬菜、肉鸡、葡萄、水产、奶牛等综合试验站的建设力度。截至 2016 年年底，已经组织实施水稻、绿叶菜、西甜瓜、中华绒螯蟹、生猪、虾类、果业、花卉、食用菌 9 个产业技术体系建设。先后构建了种质资源、育种和农产品质量检测等科技平台，建立了一批市级农业科技平台，如上海市农业遗传育种重点实验室、上海市设施园艺技术重点实验室、上海市水产养殖工程技术研究中心、上海市低碳农业技术研究中心、上海市数字农业工程技术研究中心等工程技术研究中心及实验室等。上海市正在推进的上海现代农业科技创新中心建设将作为公共研发服务平台为农业育种和技术集成转化提供服务，为农业从业人员、农业企业提供技术支撑，为多层次的科技人才培养和国际合作交流服务。

4. 农业技术综合实力现状

进入 21 世纪以来，上海深入贯彻“科技是第一生产力”的战略思想，紧密围绕建设都市型现代农业、提高农业综合竞争力和打造上海农业科技强市的目标，通过政策引导与资金支持，农业科技成果不断得到推广与应用，农业科技对农业生产的支撑、带动作用进一步增强。从上海市农业技术应用和综合开发情况可以看出，上海市农业技术综合实力不断提升。机耕面积 2016 年比 2000 年增加了 6.11 万公顷，比 2000 年增长了 26.04%。滴灌面积由 2000 年的 0.43 万公顷上升到 2016 年的 1.07 万公顷，增长了 1.49 倍，增长幅度较大（表 3-1）。粮食生产方面，为了保障市民的粮食供给安全，市政府不断完善惠农政策，实现粮食的增产增效，良种补贴从单一水稻良种扩大到油菜、玉米等，农业生产基本实现良种化。郊区水稻平均亩产达到或接近 600 千克，达到较高水平。蔬菜和畜牧等生产管理系统的应用，促进了农业生产的信息化进程。通过建立农业科技下乡长效机制，采取合作共建科技示范基地、科技结对帮扶等多种保障措施，促进了农业科技成果在农业生产中的广泛应用，取得良好的经济、社会和生态效益。

表 3-1　上海农业技术应用和综合开发情况

指标	2000 年	2010 年	2011 年	2012 年	2013 年	2014 年	2015 年	2016 年
机耕面积（万公顷）	23.46	39.47	39.97	38.61	37.23	35.74	33.97	29.57
机电排灌总控制面积（万公顷）	28.59	17.61	19.76	19.7	18.04	14.30	18.65	18.68
粮食机种面积（万公顷）	6.08	5.3	5.01	5.15	5.39	6.11	6.10	6.90
占粮食播种面积（%）	23.5	29.6	26.9	27.5	28.9	37.1	37.7	49.2
粮食机收面积（万公顷）	16.42	16.57	17.18	17.71	16.07	15.36	15.28	13.40
占粮食收获面积（%）	63.4	92.5	92.2	94.4	95.4	93.1	94.4	95.6
喷、滴管灌面积（万公顷）	0.43	0.8	0.83	0.9	0.93	1.04	1.07	1.07

资料来源：《上海统计年鉴》，历年。

5. 农业科技成果转化能力不断增强

2011—2016 年间，上海市农业科技成果获国家科学技术奖 3 项，获上海市科学技术奖一等奖 11 项，二等奖 19 项，三等奖 21 项（表 3-2），在设施园艺、食用菌、生物技术、粮油作物杂种优势利用、畜禽育种、动物胚胎工程、水产育种与养殖、现代农业装备、农产品安全检测技术等领域取得了一批国内领先或具有国际水平的科技成果。育成了世界首例旱稻不育系“沪旱 1A”，实现了杂交节水抗旱稻“三系”配套，育成的节水抗旱稻已在全国推广，并在非洲及亚洲贫水国家示范推广。在银鲳人工养殖上取得突破性进展，国内首次成功繁育出全人工银鲳子一代苗种，相关技术已达到国际领先水平。标准化渔船节能技术集成应用与标准化渔船示范推广，解决了中小型渔船船型降阻节能中的一些关键技术问题，取得的研究成果达到国际先进水平。近几年大力发展农产品电子商务，加快推动农业经营网络化，创新农产品流通方式，促进农产品产销对接。目前，菜管家、海客乐、城市超市、都市生活、一亩田等一批农产品电子营销企业已具有一定规模。

表 3-2　上海农业科技项目获奖情况

	国家科学技术奖		上海科学技术奖		
	二等奖	上海所有奖项	一等奖	二等奖	三等奖
2012 年度	2	16	4	4	9
2013 年度	0	10	5	4	7
2014 年度	1	13	0	7	2
2015—2016 年度	1	12	2	4	3
合计	4	51	11	19	21

注：2012 年颁发 2011 年度的奖项，后面 2 年以此类推。

6. 科技对都市农业建设的支撑逐步显现

近年来，上海市加强了现代农业产业体系建设，在农业产业结构调整、产业化建设、产业技术水平等方面进行了有效探索，农业产业链不断延伸、产业层级逐步提升，上海农业由数量型向质量型、生产型向生态、生活型、产品型向服务型转变，区域产业特色明显，目前已经形成如嘉定马陆葡萄、南汇西甜瓜、青扁豆、水蜜桃、奉贤黄桃、金山蟠桃、青浦草莓、茭白、崇明花菜、蟹、奉贤南美白对虾等特色农产品生产基地。电话入村率、自来水受益率、农村广播和电视覆盖率稳步提高，以沼气工程为重点的农村生态环境建设取得新进展，农民居住环境明显改善。农业总产值 2016 年 285. 09 亿元，其中科技进步对农业总产值的贡献达到了 75%。科技进步促进都市农业发展的同时，农民的生活也得到了较大的改善，农民人均纯收入由 2005 年的 8 342 元增长到 2016 年的 25 520 元，年均增长 10. 70%，增速高于全国平均水平。

二、存在问题分析

1. 农业科技成果转化率低，转化力度不够

农业科技创新仍主要集中在传统领域，对农业装备、农产品加工等新兴领域研究少，在农业生产技术标准、农产品质量标准与检测检验体系、农业信息化等方面研究相对滞后。农业科技产、学、研集聚不足，农业科技成果与生产实际需求还存在脱节现象，农业科技进步贡献率、农业实用技术成果转化率与发达国家 70%~80%的水平还有较大差距。

2. 农业科技人才缺乏

由于农业的比较效益低下，上海市农业科技人员数量占农业人口的比例、科研队伍中直接从事科研工作的人员比例以及从事科研工作人员的基本学历构成明显低于国际平均水平。在人才资源总量方面，由于福利待遇、发展前景等因素的影响，上海农业专业技术人员波动比较大，人才频繁流失。目前，上海市农业科技人才主要集中在国有企事业单位，根据统计资料显示，2000—2007 年，上海农业科技人员数量呈下降趋势，虽然在 2008 年有所增加，增至 4 700 人，但是在 2010 年又大幅减少（图 3-1），随后两年虽然有小幅增加，但人数仍较少。2016 年，上海市国有企事业单位农业科技人员为 3 900 人，仅占整个上海国有企事业单位专业技术人才总数的 0. 38%。

3. 农业科技创新能力有待提高

上海农业科技创新表现为“单项攻关多、系统集成少、点上研究多、面上协同少”，基础研究、应用研究和产业化之间缺乏足够连续性，产学研结合不紧密，虽取得一些突破，但未形成全面推进的态势，科技创新对农业集约化程度和竞争力的提升贡献不高。农业科技创新主体的横向联系及协调性差，研究力量分散，部分研究领域存在科研设施重复建设、科研项目重复研究等农业科技创新资源浪费的现象，影响农业科技资源配置效率，导致无法形成合力，重大的集成创新活动较难开展；在农业科技创新项目管理方面，没有充分发挥农业科技创新专家的作用，缺乏以相关领域专家为主体的项目审批与评价体系，以致从总体上看基础性研究、应用研究和产业化研究等各类农业科技

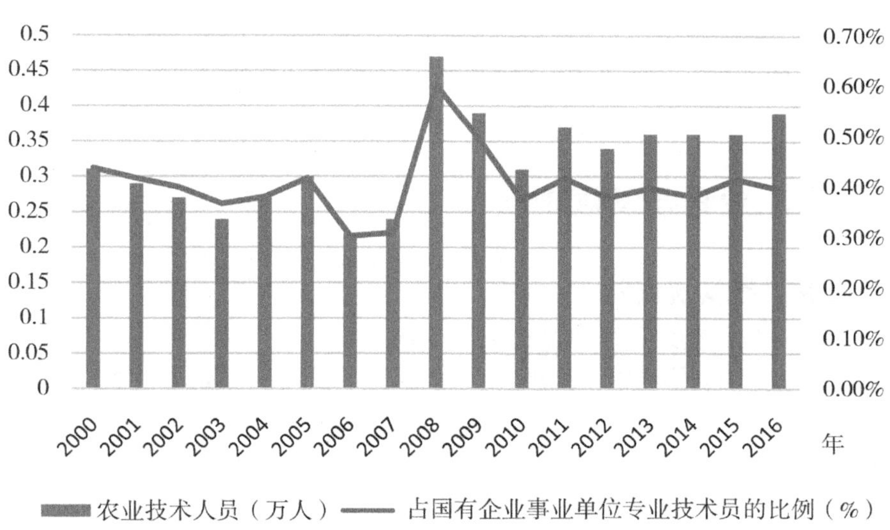

图 3-1　2000—2016 年上海市国有企事业单位农业科技人员及其所占比重

资料来源：《上海统计年鉴》，历年。

创新研究之间缺乏足够的规范性、连续性和针对性。不仅如此，农业科研人员的职称结构也不合理，根据对上海市农业科学院、上海市奶牛研究所、上海市水产研究所、上海市农业机械研究所等上海部分农业科研单位的调查，正高级科研人员所占比重仅为 9.07%，副高级科研人员所占比重为 16.89%，初中级科研人员所占比重为 47.71%，其他人员占 26.34%（图 3-2）。

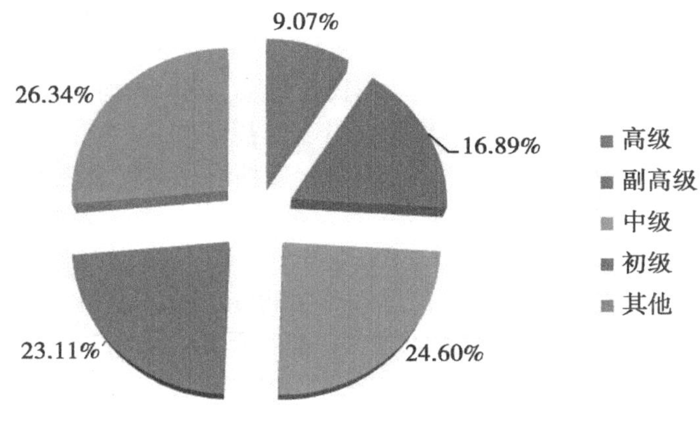

图 3-2　上海农业科研人员的职称结构

资料来源：实地调研

第二节 北京、天津农业科技发展现状及存在问题分析

一、北京农业科技发展现状

（一）农业科技发展现状

1. 科技对农业发展起到了强有力的支撑作用

近年来，北京市大力推进都市型现代农业发展，大都市郊区的农业生产性功能逐渐弱化，而是向着融生产、生活、生态等多种功能于一体的高投入、高产出、高效益的新的现代化大农业系统发展。利用各种农业废弃物，最大限度地向能源转化，从而降低环境污染。2015 年上半年，实施蔬菜产业 19 个千亩村和 1 个万亩镇试点建设，新建设施农业 3 921 亩，改造老旧设施 3 854 亩，新建集约化育苗场 20 个。改造提升畜禽场 70 家，开展畜禽节水改造工程 200 标准栋。新认证 350 家企业和基地，新评定出市级优质标准化基地 130 家。海淀区的京西稻生态苑、通州区的金福艺农等 8 个农业园、房山区的国际葡萄酒庄、大兴区的西瓜博览园、平谷区的果品产业园区等一批农业产业项目加快推进。农业总产值由 2005 年的 239. 3 亿元增加到 2016 年的 338. 1 亿元，年均增长 4. 13%。2016 年，全市农村居民人均纯收入 22 310 元，同比增长 11. 8%，扣除物价因素，实际增长 8. 2%，增幅高于城镇居民 0. 9 个百分点。

2. 农业科技推广服务不断健全

北京市农业推广已不再仅限于传统的仅强调增产增收为目的的技术推广，而逐渐注重如何促进农民致富，以农村、农业、农民生产的发展与生活的改善为目的，提供包括农村社会生产、生活领域所需要的如社会、经济、市场、管理、生态、教育、卫生等方面的服务，农业科技推广服务逐步体现了农民的意愿，逐渐由原来指令性的单向沟通方式向由下而上的自愿参与方式过渡，重视农民逐步参与推广工作的重要性。利用 12396 热线，不仅针对农户提供生产技术、市场信息、良种信息和政策法规信息的咨询服务，而且建立了信息“双向传输”机制，连接农民供给信息和市民需求信息。此外，北京市不断探索科—教—推结合的方式，实施农业推广教授、科技创新服务联盟、“套餐工程”、农民田间学校模式、科技协调员等多种推广模式，采取多样化的组织形式，分别实行由政府、企业、科研院所等为主体的农业推广服务，采取企业与科研机构联合攻关、联合竞标，推广部门以科研院所为技术依托单位、聘请专家为技术顾问等多种方式，促进科研、教学与推广的紧密结合。

3. 农业科技资源具有较大优势

北京市作为全国政治、经济、文化和科技中心，聚集着多所农业高校和农业科研机构，是农业知识密集区，有着极为丰富的农业科技资源。截至 2016 年年底，北京市单位内部研发机构中农业科学机构数 87 个，机构研究与试验发展（R&D）人数有 6 056 人，农业研究与试验发展支出 316 056 万元（表 3-3）。这些宝贵的科技资源是构建北

京农业技术创新、知识创新体系的基础，为新的农业科技革命提供了有利条件。北京市充分发挥科技资源优势，通过实施重大农业科技项目，对设施育苗、环境友好栽培、健康养殖、病虫害综合控制、农业机械化作业等一批先进适用的技术进行示范推广，以建设国家科技创新中心和北京国家现代农业科技城（简称“北京农科城”）为契机，扎实推进体制机制创新，不断提高自主创新能力，不断推动北京农业向高端、高效、高辐射方向发展。

表 3-3　北京市单位内部办农业科学研发机构数

	机构数（个）		机构研究与试验发展（R&D）人员（人）		机构研究与试验发展经费支出（万元）	
	2015 年	2016 年	2015 年	2016 年	2015 年	2016 年
研发机构总数	2 658	2 358	191 232	170 957	10 317 729	9 530 969
其中农业科学	93	87	6 361	6 056	274 982	316 056
比重（%）	3. 499	3. 690	3. 326	3. 542	2. 665	3. 316

资料来源：《北京统计年鉴》2017 年。

4. 农业科技创新体制机制不断完善

近年来，北京市不断推进农业科技创新，以现代服务业引领一二三产业融合发展，自主创新能力明显提高，重大科技成果不断涌现，科技创新驱动产业转型升级，为北京市经济结构深度调整提供了有力支撑。2010 年 8 月 16 日，科技部、农业部与北京市政府签署协议，共建北京农科城，农科城网络服务中心连通 20 余个农产品行情数据库和农业科技成果发布源，与 65 个国家级农业科技园区实现了网联。农科城以“高端、高效、高辐射”为目标，采用“以现代服务业引领现代农业”的发展模式，致力于实现高端服务、总部经济研发、产业链创业和先导示范功能四大功能，促进一二三产业融合发展。以推进农科城建设为契机，北京市不断探索完善农业科技创新体制机制，采取了“三位一体”的组织管理模式，构建了“一城两区百园”协同创新机制，从“良种创制、成果托管、技术交易、良种产业化”四大环节入手探索建立了新型种业体系。“农科城”的探索与实践为加快农业科技创新奠定了制度基础。

5. 农业科技成果转化力度进一步加大

在科技创新的驱动下，北京农业科技成果转化力度进一步加大。全市已完成玉米、小麦品种更新换代 1 次；主要蔬菜品种更新 80%；优良畜禽供种能力提高 20%以上，优良畜禽品种覆盖率达到 90%以上。2016 年全年北京市服务于农业、林业和渔业发展的技术合同成交数为 1 762 项，成交额达到 180 761. 9 万元。首都现代农业育种服务平台 3 年来共培育通过国家审定的新品种 148 个，“菜篮子”科技增效工程选育蔬菜新品种 100 个，建立了 1 万亩蔬菜原种和商品种子生产基地。昌平园形成了草莓、园林苗木等特色产业链，45 家企业入驻，实现销售收入 9. 5 亿元；顺义园打造花卉产业链，21 家企业和科研机构入驻；通州国际种业园构建“育繁推”一体化种子产业体系，30 家企业入驻园区，销售收入 15 亿元。从良种创制、成果托管、技术交易和良种产业化四个环节入手，加快科技成果的引进、消化吸收和再创新，促进成果落地和产业化，提升北京农业科技的国际化水平。

6. 农业技术综合实力不断增强

随着一系列新技术、新品种、新设备等的应用，农业生产率显著提高，土地、水、劳动力、化肥等传统生产要素投入总量下降，单位投入所取得的产出不断提升，“高效”农业正在变为现实。总体来看，北京农业用水从2006年的12.8亿立方米下降到2016年的6.0亿立方米；农作物播种面积从2000年的45.4万公顷降至2016年的15.1万公顷；农业从业人数量从2000年的72.9万人降至2016年的49.6万人；化肥施用量从2000年的17.9万吨下降至2016年的9.7万吨；农业机械总动力由2000年的399.2万千瓦下降到2016年的144.4万千瓦（表3-4）；每一从业人员创造农、林、牧、渔业产值也一直呈上升趋势，从2006年的3.66万元上升至2016年的6.61万元（图3-3）。

表3-4　主要年份北京市农业投入状况

年份	从业人员年末人数（万人）	农作物播种面积（万公顷）	化肥施用量（万吨）	农业机械总动力（万千瓦）
2000	72.9	45.4	17.9	399.2
2005	62.2	30.8	14.8	337.7
2006	60.3	32.0	14.8	325.5
2007	60.9	29.5	14.0	300.5
2008	63.0	32.2	13.6	267.0
2009	62.2	32.0	13.8	271.5
2010	61.4	31.7	13.7	276.0
2011	59.1	30.3	13.8	265.2
2012	57.3	28.3	13.7	241.1
2013	55.4	24.2	12.8	207.7
2014	52.4	20.0	11.6	195.8
2015	50.3	17.7	10.5	185.9
2016	49.6	15.1	9.7	144.4

资料来源：《北京统计年鉴》2017年。

（二）存在问题

1. 农业科技服务体系尚待健全

北京市农业正朝着一二三产业相互融合的方向发展，产前与产后的技术服务需求高涨。然而，目前的农业科技推广所提供的服务仍注意集中在产中服务上，现代意义的农业科技推广的服务领域如产前的信息和物资供给以及产后的市场营销服务培训等不能配套进行。从产前、产中、产后等阶段的科技人员配置情况看，现有推广队伍90%以上集中在产中阶段，大部分技术人员虽有丰富的专业知识，但缺乏对于产后乃至经济、市场、销售等方面的知识，与都市型现代农业相匹配的现代农业服务体系尚待健全。与产

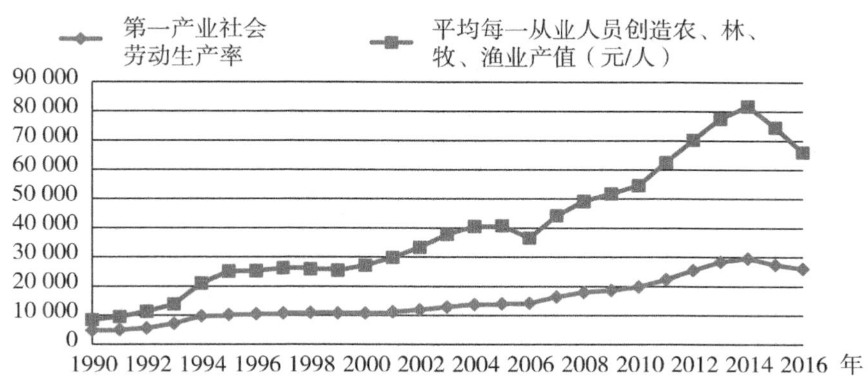

图 3-3 1990 年以来北京市农业生产效率变动情况

资料来源：《北京统计年鉴》2017 年。

中环节提供的服务和质量相比，产前的农资、农机服务、产后的农产品流通服务仍是短板。种源农业、设施农业、精品花卉、高档果蔬、农产品精深加工等服务内容的服务能力不强，需要切实建设好农业技术推广、动植物疫病防控、农产品质量安全、农资、农机等服务体系。

2. 产学研结合力度有待加强

当前北京市农技推广部门与研究机构、高校等科研单位间缺乏长效合作机制，无法充分共享科技资源，无法形成合力。农技部门的科技人员与新型生产经营主体间的对接、响应机制不畅，对规模化、集约化及产业化的技术服务供给及关键生产环节的技术服务能力满足不了新型农业经营主体的需求；与家庭农场、龙头企业、农民专业合作社、农业协会和其他市场化服务主体间，尚未建立紧密的利益合作机制，协同联合渠道不畅，难以形成高效的技术服务链条。

3. 基层农业科技人才素质有待提升

虽然北京农业科技人力资源在全国处于相当充裕的水平，但高学历和高职称的技术人员多集中在市级单位，从推广人员的年龄上看，区（县）、乡（镇）两级编制内人员的年龄分布，呈“两头大，中间小”的特点，即年龄≤35 岁和年龄>50 岁的两类人员所占比例偏高，有资历、有经验且年富力强的中年技术人员比例较小是区（县）和乡（镇）两级推广机构普遍面临的问题。基层乡镇农技人员文化素质和技术能力下降明显，影响着北京市农业科技含量的提升及农业科技创新步伐。

4. 农业科技的有效供给仍显不足

尽管北京市农业科技资源丰富，农业科技园区、科研机构、农业类高校等有 40 家左右，但农业科技的有效供给仍然略显不足，不能完全满足北京农业多功能性和新型农业经营主体的需求。北京农业科技突出存在“五多五少”的扭曲现象：常规性科技成果多，高新技术成果少；追求产量的技术多，提高品质和效益技术少；常规技术多，高新技术少；组装配套技术多，创新突破性技术少；产中技术多，产前和产后技术少；理论性的技术成果多，而更易于转化的专利类技术少。

二、天津农业科技发展现状及存在问题分析

（一）天津市农业科技发展现状

1. 促进农业科技发展的政策环境不断优化

近年来，天津市围绕新农村建设和都市农业发展的科技需求，制定了一系列与科技有关的政策法规，如《关于加快推进我市农业科技创新，持续增强农产品供给保障能力的若干意见》《天津市新型农民教育培训体系建设实施意见》《天津市全民科学素质行动计划纲要实施工作方案》《批转市农委关于深化改革加强基层农业技术推广体系建设工作方案的通知》《天津市农民素质提高工程实施意见》《关于推进滨海农业科技园区建设工作的实施意见》《关于天津市强化设施农业科教支撑的指导意见》《关于对天津市农民素质提高工程教育培训实施财政补贴的通知》《天津市农业种业基地建设意见》以及《天津市现代农业示范园管理办法》等。不断推进科技管理体制改革，科技兴农政策体系逐步完善。政府管理职能日益健全，为科技研发和成果转化创造了宽松的环境。农业科技合作不断创新发展，“三院两校”科技合作进入实质性阶段，合作领域、合作方式、合作内容不断深化，促进了天津农业科技的发展，为提升农业科技的支撑能力提供了重要保障。

2. 农业科技平台建设稳步推进

近年来，随着农业科技的多元化需求及农业产业化进程的推进，天津市不断推进农业科技创新平台建设，如天津市重点实验室（天津市水产生态及养殖重点实验室、天津市农产品采后生理与贮藏保鲜重点实验室、天津市农业环境与农产品安全重点实验室）；天津市企业重点实验室（天津市蔬菜遗传育种企业重点实验室、天津市杂交粳稻企业重点实验室）；天津市工程中心（天津市农产品保鲜技术工程中心、天津市蔬菜育种技术工程中心、天津市现代畜牧技术工程中心、天津市水稻技术工程中心、天津市花卉技术工程中心、天津市中农大棉花技术工程中心、天津市农副产品深加工技术工程中心、天津市生物质类固废资源化技术工程中心）等，这些由农业科研机构、农业高等院校、科技企业、农业企业为主体的农业科技创新平台已成为天津农业科技创新的骨干力量，有力推动了天津市农业科技创新成果转化和产业化发展。

3. 农业科技园区建设步伐加快

天津非常重视农业科技园区建设，农业科技园区已经成为有效推动农业科技创新、成果转化、示范和应用的平台。大部分农业园区选择“科技引进—集成示范—转化推广—产业带动”的发展模式带动天津都市农业的发展。天津市农业科学院于2010年启动天津现代农业科技创新基地建设，目前基地形成了两种有效的示范带动模式，一是“科研单位+园区+农户”模式，二是“园区+合作社（协会）+农户”模式。天津现代农业科技创新基地依托其建设经营主体农业科技创新优势，以自主创新为主，突出试验性基地建设，进行科技创新、中试孵化和推广服务，成为国内外成果转化的综合性平台。

4. 农业科技创新优势明显

近年来，天津市农业科技创新成果丰硕。在动植物新品种选育、作物栽培技术及病

虫害防治、动物营养与饲料技术及疫病防治技术、农产品保鲜加工技术、新农村建设、能源环境技术等领域共取得农业科技成果多项，其中100多项成果获得国家及市科技奖励，尤其在蔬菜新品种选育、黄瓜单倍体育种、杂交粳稻、专用小麦、农产品保鲜加工技术、鱼病防治、生猪育种和动物胚胎移植等方面，取得了一批全国领先水平的成果，其中，花椰菜育种、黄瓜育种、全幅玉米收获机3个项目获得国家科技进步二等奖，保持了天津在蔬菜、作物育种领域的优势地位，实现了农业收获机械创新的突破。此外，一批优势领域科技创新实力处于国内领先地位，如黄瓜和花椰菜等蔬菜育种、西甜瓜育种、粳稻和专用小麦等粮食育种、生猪育种和动物克隆以及农产品保鲜技术等处于国内领先地位，科技创新优势明显。

5. 农业科技服务体系逐步健全

根据2006年国务院下发的《国务院关于深化改革加强基层农业技术推广体系建设的意见》，天津市全面启动了农业技术推广体系改革。按照“强化公益性职能、放活经营性服务”的要求，对传统农业技术推广体系进行改造，实现“职能明确、机构完善、队伍充实、保障有力、运转高效”的建设目标。天津市形成了完整的农业、畜牧兽医、水产、农机、林业五个专业三级推广网络，已基本形成以政府推广机构为主体的新型农业科技推广体系。科研院所、高等院校、合作社、专业技术协会和涉农企业已成为农村科技服务体系的重要组成部分。农业专家大院、科技特派员、科技下乡、科技入户、科技大集、农业科技110、科技书屋等科技服务模式初步形成，多元化主体广泛参与的农村科技推广服务体系已现雏形，农业科技推广服务模式逐步多元化。

（二）存在的主要问题

1. 农业科技管理体制不顺、机制不活

农业科技管理缺乏顶层设计，宏观调控能力较弱。科技管理职能分布于市科委、市农委等多个部门，农科教、产学研之间缺乏统一的协调机制，影响了农业科技创新体系整体运行效率。一方面，造成项目的重复设立和研究，科研资源浪费，科研成果的低水平重复；另一方面，难以形成创新合力，导致重大科技突破少。

2. 农业科研学科结构不适应产业发展需求

现有农业科研学科结构不能满足农业结构调整、农业增效和农民增收的现实需要。天津都市农业发展中急需的设施农业、种源农业、安全农业、生态休闲农业和农产品产后技术等相关学科起步较晚，研发力量较薄弱。跨学科、综合性交叉学科比较缺乏，研究成果偏重于单项技术创新，产前、产中和产后各环节技术集成创新和综合配套不够。

3. 新型农业科技推广服务体系亟待完善

基层农业技术推广体系的机制创新、人员配备、条件建设方面还不完善，尚缺乏应对激烈市场竞争的经验和能力；高效运行机制尚待探索，农技推广人员的激励机制、农民应用新成果的动力机制、农业科技成果推广转化与产业发展需求相适应的市场机制仍在探索阶段。农业科技推广队伍整体素质不高，不同程度上存在“年纪轻、经验少、学历高、素质低”的问题，难以胜任试验、示范、推广等工作任务。

4. 农业科技支撑体系发展后劲不足

天津市农业是典型的“大城市、小农村”的发展格局，导致农业发展空间狭小，加之农业比较效益低，农业科技支撑体系持续发展明显缺乏后劲。近年来，尽管科研试验基地和新型基础平台建设力度有所加大，但科技投资存在明显的时滞效应，科研储备少；农业科技领军人物短缺，创新型人才梯队尚未形成。此外，涉农科研单位、高校和企业由于资金缺乏，创新环境仍待改善，缺乏人才吸引力和凝聚力，农业科技关键岗位人才流失严重，成为农业科技支撑体系持续发展的重要制约因素。

第四章 上海农业技术创新路径分析
——以孙桥为案例的剖析

农业企业作为农业科技创新主体已经成为促进农业、农村经济发展的重要力量，农业企业的创新活动将在农业发展过程中扮演举足轻重的角色。作为沿海发达地区的上海，在当前建设自贸试验区、全球科创中心的背景下，确立了以农业产业化龙头企业为主体构建都市现代农业的发展思路。上海孙桥现代农业开发区（以下简称孙桥）是国内首家综合性现代农业开发区，建于1994年9月6日，是继浦东新区陆家嘴贸易区、外高桥保税区、金桥出口加工区、张江高科技园区后成立的第五个功能开发区，是国内第一个现代农业开发区。开发区的建立旨在加速浦东一流农业建设和城乡一体化进程，成为推动上海市郊乃至长江流域现代农业发展的样板。经过20余年的发展，孙桥园区取得农业科技创新的不断突破，不但引进了荷兰、法国、西班牙等国的优良品种、温室设施装备和先进农业技术，形成了六大现代农业产业，也是唯一的位于自贸试验区内的国家级现代农业科技园区，又与国内外科技院所有长久而良好的联系，已经初步建成我国重要的农业科技创新高地，成为现代农业科技创新中心建设的重要基础。

上海孙桥现代农业开发区经过多年的发展，取得农业科技创新的不断突破，已经初步建成上海农业科技创新高地。而孙桥园区20多年来的技术创新路径及模式，也是上海都市现代农业技术创新发展的一个缩影。因此对农业技术创新成功案例的追踪研究，是探究上海农业技术创新模式的最有效途径之一。本章将以孙桥现代农业园区为案例，剖析1994—2015年孙桥农业科技创新模式的形成及演进路径，提出促进孙桥科技创新发展的对策。

第一节 孙桥现代农业开发区现状调研

一、总体概况

1994年9月6日，上海孙桥现代农业开发区（以下简称农发区）暨浦东现代农业开发有限公司成立，主要承担孙桥现代农业开发区的统一开发建设与管理职能。浦东现代农业开发有限公司（后与孙桥镇人民政府合作，更名为上海孙桥现代农业联合开发有限公司，简称孙联发）为农发区开发建设主体。1998年，上海浦东现代农业开发有限公司与孙桥镇合作成立上海孙桥现代农业联合发展有限公司（简称孙联发），注册资金3亿元。孙联发成为上海孙桥现代农业开发区主体开发公司。2002年，孙联发成为"农业产业化国家重点龙头企业"。2006年，农发区划入张江高科技园区，孙联发成为张江集团子公司。2012年，孙联发加入浦东农业发展集团有限公司，农发区从张江高科技园区划出独立成区。

开发之初，农发区开发建设定位于"世界先进农业与中国农业的桥梁、中国传统农业向现代农业转变的桥梁"。2001年9月，经国家科技部批准，农发区成为中国首批国家农业科技园区之一。2002年，孙联发被认定为国家农业产业化龙头企业，通过"孙桥技术指导生产、孙桥标准全程监控、孙桥品牌统筹销售"模式带动周边农业发展。2004年，农发区成为"国家农业标准化示范区""全国工农业旅游示范点"。2008年，农发区成为"国家农产品加工示范基地""上海品牌园区"。

经过20余年的开发建设，农发区累计开发建设投资超10亿元，开发面积346公顷，其中1平方千米通过ISO 14001环境管理体系认证；建成现代农业设施面积65公顷，高标准温室面积25公顷，逐步形成了种子种苗、设施农业产业、农产品精深加工、生物技术、观光旅游等六大产业。

二、孙桥现代农业开发区技术应用及创新现状

1. 具有较完善的基础设施

孙桥开发区不断加大基础设施的建设力度，1996年，投资2 700万元从荷兰引进3.1公顷自动控制玻璃温室，运用高科技手段进行工厂化农业生产，采用无土栽培、天然降水灌溉、配方施肥、营养液滴灌、补给CO_2等先进技术。1998年，投资2 100万元从法国引进双层薄膜自动充气温室，面积8公顷。在引进、消化、吸收荷兰自控温室技术的基础上，孙联发与上海电气集团、同济大学、上海市农业科学院等单位合作，于1999年起在农发区研究、开发、建造了2套国产化智能温室，面积分别为0.5公顷和3公顷。前者温室屋和四周均用阳光板替代玻璃，后者按荷兰自控玻璃温室标准制造，总投资1 800万元，比从荷兰进口温室降低20%。此后，孙联发在农发区建造了66套连栋温室，总面积5.9公顷。连栋温室一般梁跨度6米，长39米，间距3米，天沟2~3米，可以任意连栋，另部件100%通用，主要种植蔬果、鲜切花、盆景、盆花。

2. 形成了一定有影响力的品牌

近年来，孙桥开发区不断加大品牌推广力度，取得了一定影响力的品牌。2006年，"孙桥"农产品品牌被评为上海市著名商标，后被推荐为上海名牌，先后通过ISO 9001、ISO 14001、HACCP、GAP等体系认证；产品通过绿色食品认证，供应中国香港蔬菜免验。孙联发采用"孙桥技术指导生产、孙桥标准全程监控、孙桥品牌统筹销售"模式，在全国建立了10多个跨区域产业基地，带动农户5万多户，发挥了农业产业化龙头企业的示范、带动作用。以"孙桥"品牌出产的主要农产品有黄瓜、番茄、彩椒、

草莓、生菜等，并供应香港和用作航空食品。2010 年，农发区生产出品的大众农产品和农业加工产品有黄瓜、番茄、彩椒、生菜、草莓、蝴蝶兰、大花蕙兰、红掌、凤梨、灵芝孢粉、北虫草和化妆品、功能性食品原料以及各类蔬菜的种子种苗等。

3. 以消化吸收为重点引进国外先进农业技术

目前，在农发区内建有设施农业面积 65 公顷，高档温室面积 25 公顷。其中，荷兰玻璃温室 3 公顷，国产玻璃温室 3 公顷，西班牙玻璃温室 4. 3 公顷，蝴蝶兰养护玻璃温室 4 公顷，种子种苗连栋温室 4 公顷，大型连栋温室花卉市场 10 公顷以上，另外有一些小型玻璃、连栋温室约 2 公顷。农发区先后建立了研发中心、检测实验室，配备分子水平的先进仪器，用于科研试验和农产品检测。区内建有风筝广场、科普长廊、奇异瓜果园、沙漠植物园、灵芝园和水培园，用于休闲观光旅游和青少年科普教育（表4–1）。

表 4–1　孙桥现代农业开发区所引进的设施技术

年份	国家	引进设施技术	代表性产品
1995	荷兰	自控温室	黄瓜、番茄、彩椒
1999	中国香港	食用菌工厂	蟹味菇、白玉菇、金针菇
2000	法国	育苗温室	黄瓜苗、发财树、石斛苗
2002	日本	无土栽培技术设施	生菜、碰碰香、奇异南瓜
2010	中国台湾	热带果园	香蕉、莲雾、百香果
2013	德国	植物表型平台	仪器、系统、服务

资料来源：实地调研。

4. 研发水平不断提高

孙桥开发区在引进国外先进技术的基础上，也加大自身农业技术的研发，2002 年开始，农发区先后建立研发中心、农产品与环境检测中心、企业博士后工作站和上海设施园艺技术重点实验室孙桥分室等 13 个研发与服务机构。通过课题研究、共同培养研究生和教学实验等途径，农发区成为复旦大学、上海交通大学、同济大学、上海市农业科学院、中国科学院上海生命科学研究院等 10 多家科研院校的研发基地，并建立了种子种苗、病虫害生物防治、食用菌工厂化、农业废弃物综合处理与利用、水产养殖 5 个产学研合作基地和院士专家农业企业工作站。先后研发 LED 补光灯、LED 诱虫灯、农务通等产品，推动了植物工厂、室内种植、农业景观等新兴产业发展。至 2014 年年底，园区与各高校联合培养了博士 13 名，硕士 32 名（表 4–2）。

5. 自主创新能力不断增强

农发区先后承担国家、上海市、新区科研项目 125 项，取得国家专利 49 项。2001 年，农发区“新型无土栽培装置进行蔬瓜果栽培”等 9 个课题被上海市、浦东新区批准立项；“生物防治技术在温室害虫防治中的应用研究”等 6 个项目通过专家评审，完成科技成果登记。2004年，农发区研发中心主持或参与的20余项延续课题进展顺利，并新申报上海市、浦东新区科委和上海市农委科研项目7个，批准5个，通过课题鉴定和验收项目7项，其中与上海市农业科学院合作承担的"现代大型温室标准化栽培技术体系研究与产业化示范"项目，获2004年上海市科技进步一等奖；"一种新型无土栽培进行蔬菜长季栽培的示范推广（第三完成单位）"项目获上海市科技进步二等奖。

表4-2　孙桥现代农业开发区科技类机构

成立时间	名　称	主管部门
1995年	区级企业研发中心	上海市浦东新区研发机构联合会
1999年	企业博士后工作站	上海市浦东新区企业博士后工作管理办公室
2000年	上海市设施园艺技术重点实验室孙桥实验室	上海市科学技术委员会
2002年	院士专家农业企业工作站	中国农学会
2013年	设施园艺产品质量安全控制重点实验室	农业部

资料来源：实地调研。

6. 形成了6大产业与产品

经过多年的发展，孙桥现代农业开发区已经形成了种子种苗、设施农业产业、农产品精深加工、生物技术、观光旅游等六大产业。种子种苗方面，农发区主要依托上海孙桥现代温室种子种苗有限公司和上海农业科技种子有限公司等开展种子种苗服务。与上海水产大学（2008年更名为上海海洋大学）合资组建的浦东孙桥名特水产开发有限公司联合兴建的工厂化生态型水产种苗繁殖场（面积2公顷），具备繁育中华绒螯蟹及各类鱼苗的能力。通过种子种苗新引进、繁育近百个品种，繁育种苗2 000万株，推广优良种子（种苗）30万千克，年产蔬菜花卉苗5 000万株。专门用于防沙治沙的沙柳种子在内蒙古鄂尔多斯飞播取得显著效果，成活率提高20%、总播种量下降33%、种子成本下降33%，并且建立起沙生植物循环利用产业链（表4-3）。

表4-3　孙桥现代农业开发区六大产业产品与服务情况

序号	产业	产品或服务
1	种子种苗	青菜、鸡毛菜、塌菜、甘蓝、辣椒、白菜、快菜、西葫芦、番茄、芥蓝、菠菜等种子；黄瓜、番茄、辣椒、甘蓝、草莓、蝴蝶兰、多肉、红枫、铁皮石斛、菊花等种苗
2	设施农业	生产黄瓜、番茄、彩椒、草莓、生菜等蔬菜，蟹味菇、白玉菇、金针菇、杏鲍菇、香菇等食用菌；蝴蝶兰、大花蕙兰、红掌、凤梨、仙客来等花卉，幸福树、发财树、万年青、绿萝、吊兰等草木本绿色植物
3	农产品加工	从银耳、侧柏、迷迭香、桑叶、马齿苋等提取化妆品原料；从银耳、桂鱼、鲨鱼等提取功能性食品原料

（续表）

序号	产业	产品或服务
4	温室制造	主要从事温室设计、温室制造、温室维修等工程
5	生物技术	生产灵芝孢子粉、北虫草等保健品
6	旅游休闲观光	有水培园、沙漠植物园、灵芝园、奇异瓜果园等农业科普园和生态餐厅、会务、住宿等设施

资料来源：实地调研。

7. 技术辐射服务全国

农发区通过与国内其他省市的合作，通过“两头在内、中间在外”* 模式，将现代农业技术、经验、品种辐射到全国，其中温室设施工程、技术培训、西部沙漠化治理、水产养殖、对口支援等成为主要辐射服务项目，产生了良好的经济效益和巨大的社会效益。如在引进、消化、吸收的基础上，农发区将温室设施与技术推向全国。先后为青海、新疆维吾尔自治区（以下简称新疆）、陕西、云南建造智能控制玻璃温室和连栋塑料薄膜温室 2.6 万平方米。在上海、浙江、安徽、山东、湖北合作完成温室项目 18.41 万平方米。目前，农发区逐步形成了具有自主知识产权，符合中国国情的现代化温室产业。在全国推广销售各类温室 500 多万平方米，出口日本、印度和塞舌尔等国 10 万多平方米。为陕西、青海、新疆、重庆、四川、甘肃、宁夏回族自治区（以下简称宁夏）等 16 个省市培训现代农业技术骨干 8 000 余人。培训内容包括蔬菜工厂化育苗、无土栽培技术、农产品质量安全控制等。到 2014 年，培训 2 万余人（表 4–4）。

表 4–4　孙桥现代农业开发区技术辐射服务主要项目

序号	年份	建设项目	推广技术
1	2005 年	内蒙古鄂尔多斯飞播治沙	种子包衣技术
2	2007 年	非洲塞舌尔现代农业	无土栽培技术
3	2008 年	四川都江堰现代农业园区	食用菌工厂化生产、农业组培、设施栽培等技术
4	2010 年	新疆莎车现代农业园区	工厂化育苗、农业组培、设施栽培等技术
5	2014 年	西藏红河谷现代农业园区	工厂化育苗、设施栽培、农业景观等技术

资料来源：实地调研。

* 即把农业的产前种源和农业生产后的加工与市场功能留在园区内，而把农业中的生产功能留在农村，通过科技与市场服务带动广大农村。该模式可以发挥孙桥龙头企业带动作用，又充分发挥外地农民、农业资源、高端农产品市场等优势，通过资源整合建成有竞争力的农业产业链，促进地区现代农业整体快速发展。

第二节　孙桥技术辐射全国案例

孙桥现代农业开发区在发展过程中技术不断服务全国，上海先进技术与当地自然条件、劳动力资源结合起来，走出了一条发展现代农业的新路子，对当地农业的发展具有较大的带动作用。

一、四川都江堰现代农业示范园

2008 年，孙桥现代农业开发区在崇义镇海云村建设都江堰市现代农业示范园，核心区面积 33.33 公顷（500 亩），总投资 5 000 万元，2009 年 5 月基本建设完成。主要建设内容包括四板块：一是工厂化农业板块，由工厂化金针菇、育苗工厂等项目组成。金针菇工厂化生产基地，采用工厂化食用菌技术，日产 3.5 吨金针菇，计划年销售收入 1 250 万元。工厂化种苗生产基地，采用温室工厂化育苗技术，年培育壮苗 2 000 万株，计划年总收入 500 万元。二是先进种植业板块，由优质水稻、蔬菜和花卉苗木组成。在种养结合的生态农业示范基地，种植优质水稻，在水稻田里养殖小龙虾，计划年总销售收入 150 万元以上。在花卉苗木展销基地，建成花卉连栋温室 0.67 公顷，苗木基地 4 公顷，引进新品种 20 个，年总销售收入 100 万以上。在优质蔬菜种植示范基地，引进 20 个蔬菜新品种，年销售收入约 50 万元。三是休闲观光农业板块，利用农民住宅改造成旅游设施，并与当地特色旅游资源相结合，建成休闲农业基地，在园区内发展以现代农业观光、休闲、体验的农家乐。通过支持周边新农村建设，租赁农民住宅居建设农家乐，计划实现年休闲农业销售收入 100 万元。四是配套服务板块，由基础设施建设、农技服务和农产品质量检测等组成。

2009 年 5 月 12 日，时任中共中央总书记、国家主席胡锦涛视察孙桥援建的都江堰现代农业示范园区时指出：“上海孙桥现代农业公司在都江堰帮助援建现代农业园区，这样把上海的先进农业技术与都江堰自然条件、劳动力资源结合起来，做出了一条发展现代农业的新路子，这种援建形式很好。”

二、新疆莎车现代农业示范园

位于新疆莎车县塔尕其乡，建设面积 33.33 公顷（500 亩），总投资 4 600 万元。2010 年开始建设，2012 年基本建成。主要建设内容如下。

（1）育苗中心。占地 13.33 公顷，建成 1 座 1 万平方米智能温室，内有移动苗床、播种车间、催芽室及加温锅炉等设施，年培育蔬菜和巴旦木等果蔬种苗 3 800 万株，计划年收入 700 万元。

（2）引种中心。占地 13.33 公顷，由引种中心、组培中心和农业推广与检测中心组成，其中引种中心包括日光温室、引种园和苗圃等。组培中心生产当地市场优良草莓、土豆、花卉等脱毒苗，计划年销售收入约500万元。

（3）物流加工区。建成冷库4 000平方米、配送车间1 000平方米、农产品加工厂1 000平方米，用于新疆特色农产品筛选、清洗、包装等一条龙加工，计划年销售1 000万元。

（4）综合服务中心占地6.67公顷，建筑面积4 000平方米的四层综合服务楼为综合服务中心，主要功能为园区行政管理、研发检测和农业培训。

第三节　孙桥园区产业存在的问题

不论是孙联发公司经营的产业还是招商引进的企业，产业规模均较小，辐射力度有限。入驻的企业以中小型企业为主，产业链较短，带动能力较弱。以旅游观光为例，孙桥园区引进荷兰温室、以色列温室等现代化温室，最初参观人数达50万人次/年，这种以引进硬件为主的发展模式很快被很多园区模仿、复制，许多园区也纷纷引进高档、智能温室，使得来孙桥园区参观学习的人数大大减少，现在参观的人数只有2万~3万人/次，旅游产业逐渐萎缩，影响力逐渐减小。

一、体制因素影响了园区产业的发展

孙桥园区是承担政府职能诉求的模式？还是企业化运作发展的模式？如果是前者，园区应该按照政府的职能办事，做好服务性质的工作，为入驻企业提供优质的服务平台；如果是后者，应该按照市场规律办事，为企业营造好公平竞争的环境。而目前孙桥园区兼有二者的功能，但都没有充分发挥好作用。在提供服务方面，部分企业认为孙联发公司享受到很多政府性的资源，而其他企业并未享受到。作为园区开发主体，不仅没有为其他企业创造良好的发展环境，而且影响其他企业的发展。

二、产业化格局并未真正形成

生产、加工、流通等一条龙服务并未真正建立起来，农产品生产管理不到位；精深加工产品产值低；流通体系也不健全。另外在生产基地的拓展上进展也较慢，孙桥园区没有自己外省市的基地，目前外省市的生产基地仅仅是生意上的合作关系，联系并不紧密，产业化带动效应也不明显。

三、农产品生产技术人员素质尚待提高

现代化的农业生产需要规范化的管理制度与生产模式，现代化的农业生产需要现代化的科技人才队伍，特别是对于以工厂化农业为主导产业之一的孙桥园区而言，完善的管理不仅能够提高产量，而且能够保证农产品的质量安全。但是孙桥园区的科技人才队

伍建设比较落后，在调研中发现，温室农产品的农业科技人员对农业的管理意识淡薄，仍停留在传统的大农业生产模式上，管理不够严谨和完善，势必影响产品的产量的提高，而且农产品的质量安全也不容易监控，势必会影响孙桥园区的“品牌”形象。

四、产业发展重硬件轻软件

孙桥在第一阶段发展时期引进了荷兰智能温室、以色列温室等硬件设施，但这种引进硬件的发展模式很快被各地复制，使得来孙桥参观的人数大大减少。孙桥在硬件引进的同时忽视了组织方式、发展模式、管理方式等软件的消化、吸收，使得经济效益不明显，甚至出现亏损。孙桥园区的管理水平、栽培技术和种植品种和国外有较大差距。换句话说，硬件是跟上来了，但软件跟不上，一样没有高产出、高效益。

五、土地资源非常有限

孙桥园区的规划面积 4 平方千米，先期启动面积 2 平方千米，由上海孙联发公司为主体进行开发运营。公司产业发展用地以土地流转形式进行，招商引资进区企业也是以租地方式进行，经营开发的公司不从事土地开发经营，也不可能从土地开发中获取回报。农业产业发展需要土地，受制于土地面积，孙桥必须寻求拓展域外农业生产基地。

第四节　孙桥现代农业技术创新模式的选择机理分析

1994 年 9 月 6 日，上海孙桥现代农业开发区（以下简称孙桥）暨上海浦东现代农业开发有限公司揭牌成立。上海浦东现代农业开发有限公司为孙桥开发建设主体。开发之初，孙桥开发建设定位于“世界先进农业与中国农业对接的桥梁、中国传统农业向现代农业转变的桥梁”。2001 年 9 月，经国家科技部批准，孙桥成为中国首批国家农业科技园区之一。2002 年，孙联发被认定为农业产业化国家重点龙头企业，通过“用孙桥技术指导生产、用孙桥标准全程监控、用孙桥品牌统筹销售”模式带动周边农业发展。2004 年，孙桥成为“国家农业标准化示范区”“全国工农业旅游示范点”。2008 年，孙桥成为“国家农产品加工示范基地”“上海品牌园区”。

经过多年开发建设，孙桥已经建成现代农业设施面积 65 公顷，高标准温室面积 25 公顷，逐步形成了种子种苗、设施农业产业、农产品精深加工、生物技术、温室工程安装制造和农业观光旅游六大产业。孙桥通过与国内其他省市的合作，将现代农业技术、经验、品种辐射到全国，产生良好的经济效益和巨大的社会效益。

近十年（截至 2017 年 4 月 27 日），上海浦东国家农业科技园区销售收入约 200 亿元人民币，净利润约 5 亿元。截至目前，园区累计申请专利 140 件，国际 PCT 专利申请 5 件，获得专利授权 108 件，其中 20%为发明专利。员工总数约 700 人，研发人员占总员工数量的 14%（约 100 人），海外员工本地化比例为 0.1%。2016 年，园区研发费用支出为 4 000 万元，同比增长 2. 1%。近十年投入的研发费用超过 3 亿元。

一、孙桥现代农业技术创新路径

自创立以来，孙桥现代农业技术创新演化分为 3 个阶段。

1. 为我所用的二次创新阶段（1998—2006 年）

我国现代农业园区建设始于 1994 年，以引进国外先进技术为主的农业科技园区，是我国最早出现的一种农业园区。1993 年，以展示以色列的节水技术和设施农业为主体的示范农场在北京首先建立。1994 年，上海创建了孙桥现代农业开发区，主要引进了荷兰全套玻璃温室和工厂化生产技术。此后，在全国掀起了以展示和应用世界先进农业高新技术和农业设施为主的高效种植园、科技示范园等现代农业园区的热潮。为了避免陷入“引进—落后—再引进—再落后”的怪圈，孙桥园区并没有止步于技术或设备引进。于是用了几年时间与上海电气集团、同济大学、上海市农业科学院等单位合作，通过委派技术人员学习、在实践中摸索等方式，在引进、消化、吸收荷兰自控温室技术的基础上，于 1999 年起研究、开发、建造了 2 套国产化智能温室。

在此期间，孙桥园区除了从国外引进了温室设施以外，还引进了工厂化生产和无土栽培技术，并且建立了多个科研机构（表 4-5、表 4-6）。以“孙桥”品牌出产的主要农产品有黄瓜、番茄、彩椒、草莓、生菜等，供应到香港和用作航空食品。也正源于此，2006 年，“孙桥”农产品品牌被评为上海市著名商标。

表 4-5 孙桥现代农业开发区所引进的设施技术

年份	国家	引进设施技术	代表性产品
1994 年	荷兰	自控温室	黄瓜、番茄、彩椒
1998 年	法国	双层薄膜自动充气温室	
1999 年	中国香港	食用菌工厂	蟹味菇、白玉菇、金针菇
2000 年	法国	育苗温室	黄瓜苗、发财树、石斛苗
2002 年	日本	无土栽培技术设施	生菜、碰碰香、奇异南瓜

资料来源：实地调研。

表 4-6 孙桥现代农业开发区科技类机构

成立时间	名 称	主管部门
1995 年	区级企业研发中心	上海市浦东新区研发机构联合会
1999 年	企业博士后工作站	上海市浦东新区企业博士后工作管理办公室
2000 年	上海市设施园艺技术重点实验室孙桥实验室	上海市科学技术委员会
2002 年	院士专家农业企业工作站	中国农学会

资料来源：实地调研。

总结孙桥园区这一时期的成功经验，主要在于其在引进技术和设施的基础上，通过消化吸收，积极开展自主创新，探索适合中国气候、市场等国情的新技术、新模式，并以差异化的产品（质量）立足于市场。因此，从总体上来看，这一时期，孙桥园区主导的自主创新能力主要表现为二次创新能力。

2. 以我为主的集成创新阶段（2006—2016 年）

为了加快提升技术创新能力，孙桥园区广泛与上海多所高等院校、科研院所展开合作，建立联合研究实验室，广泛汲取国内外先进农业技术，及时把握国内外前沿技术潮流和产业发展动态。从 2002 年开始，孙桥园区先后建立研发中心、农产品与环境检测中心、企业博士后工作站、上海设施园艺技术重点实验室孙桥分室和农业部设施园艺产品质量安全控制重点实验室等 13 个研发与服务机构。通过课题研究、共同培养研究生和教学实验等途径，成为复旦大学、上海交通大学、同济大学、上海市农业科学院、中国科学院上海生命科学研究院等 10 多家科研院校的研发基地，并建立了种子种苗、病虫害生物防治、食用菌工厂化、农业废弃物综合处理与利用、水产养殖 5 个农业科研专家大院和院士专家农业企业工作站。先后研发 LED 补光灯、LED 诱虫灯、农务通等产品，推动了铁皮石斛仿野生种植、农业科普教育等新兴产业发展。至 2014 年年底，园区与各高校联合培养了博士 13 名，硕士 32 名。

在合作创新取得一定成果的同时，孙桥园区还将自身掌握的现代农业技术、经验、品种辐射到全国。通过与国内其他省市的合作，利用“两头在内、中间在外”的模式，将现代农业技术、经验、品种辐射到全国，其中温室工程、育苗工厂、农业旅游园等成为主要辐射服务项目，产生了良好的经济效益和巨大的社会效益。在农业技术服务方面，为陕西杨凌、四川都江堰、新疆莎车、西藏红河谷等农业示范区建设提供规划咨询、温室承建、技术输出等服务，部分温室蔬菜专用品种种子实现国产化，取得了较好的社会和经济效益（表 4-7）。在技术培训方面，2002—2009 年间，为陕西、青海、新疆、重庆、四川、甘肃、宁夏等 16 个省市培训现代农业技术骨干 8 000 余人，内容包括蔬菜工厂化育苗、无土栽培技术、农产品安全控制等。到 2014 年，累计培训 2 万余人。

表 4-7　孙桥现代农业开发区技术辐射服务主要项目

年份	建设项目	推广技术
2005 年	内蒙古鄂尔多斯飞播治沙	种子包衣技术
2007 年	非洲塞舌尔现代农业	无土栽培技术
2008 年	四川都江堰现代农业园区	食用菌工厂化生产、农业组培、设施栽培等技术
2010 年	新疆莎车现代农业园区	工厂化育苗、农业组培、设施栽培等技术
2014 年	西藏红河谷现代农业园区	工厂化育苗、设施栽培、农业景观等技术

资料来源：实地调研。

2013 年，为了进一步加强浦东国家农业科技园区建设，提升园区在现代农业科技创新新一轮发展中的引领示范作用，浦东新区政府对原有运营公司进行改制，成立了上海浦东农业发展（集团）有限公司，并结合浦东新区的整体发展规划，调整原以孙桥地区为主的空间布局，增加老港镇等地区作为新一轮现代农业发展空间。

从这段时期整体上看，孙桥园区不仅完成了“做大”，同时也实现了“做强”。这一成功归功于它在此时期内主导的集成创新能力，即通过联合技术研发、联合制造等方式，做优品牌、做强产品，不断提升其集成创新能力，目前，孙桥园区在全国范围内建立基地（图 4-1），通过输出资本、输出技术等形式辐射全国，不断做大做强。

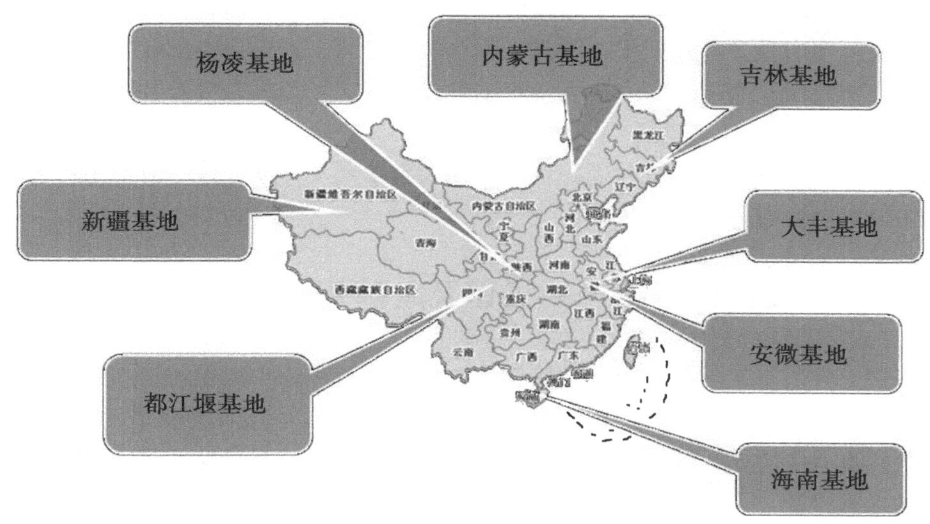

图 4-1　孙桥园区辐射在全国范围内的基地

3. 舍我其谁的原始创新阶段（2016 年至今）

“十三五”期间，浦东国家农业科技园区将以建设上海具有国际影响力的科技创新中心、浦东农业科技创新中心建设为契机，继续探索农业现代化发展新模式，重点建设“1 个中心、3 个平台、2 个基地”，即农业高科技研发中心、农业高新技术与产品研发支撑平台、农业高科技企业集聚平台、农业高新科技成果跨境交易平台、农业科技中试基地和示范基地，聚集国内外最优科技资源，建立农业科技研发平台、领军人才集聚平台、跨国公司总部或研发总部，打造浦东现代农业科技创新中心，实现农业高新技术研发、农业高科技产业孵化和产业化、农业高新技术成果和产品展示交易功能，成为农业科技创新人才、科技要素、科技企业的集聚高地，成为农业重大原创技术的重要策源地，成为农业新兴产业的摇篮。

目前，孙桥园区与美国犹他州、南荷兰省、中国科学院上海生命科学研究院、中国农业科学院、上海市农业科学院、上海北京大学微电子研究院、上海交通大学等建立紧密合作，在品质育种、水土修复、温室能源、生物农药等新技术领域先行先试。集聚世界最前沿的农业科技资源，实现成果高效示范和快速辐射，加快我国农业生产结构调整和发展方式转变，助力我国农业现代化，为打造全球化、高水准的上海现代农业科技创新中心做出应有的贡献。

未来几年，为了增加孙桥园区的科技创新能力，孙桥现代农业科技创新中心重点加强功能平台及产学研合作。

（1）建设创新创业园，推进功能平台项目。整合资源，完善配套设施，推动农产品检测平台等科创中心功能平台项目建设。对接政策，推动孵化器公司组建运营团队，推动孵化器挂牌并开展运营，组织首批项目路演及推动孵化企业入驻，同时制定管理制度，完善相关服务。

（2）建设现代农业创新创业学院，开展产学研战略合作。对接国内外资源，大力进行产学研合作，形成农业科技创新联盟。进行设施配套，组建运营团队，制定管理制度，完善流程和服务，筹建现代农业创新创业学院。与中国农业科学院、青岛农业大学签订战略合作协议，对接上海海事大学等本地科教资源，就无人机及物联网等项目开展实质科研合作。

总体来看，这一时期孙桥园区将进一步加大自主研发力度，这一时期主导的协同创新能力为原始创新能力。

二、孙桥三种创新路径的机理及其演化

从表面上看，二次创新能力和原始创新能力中均或多或少地涉及技术集成的创新活动，但实际上，能力的本质是一种高级知识，为了更深入地理解和辨析二次创新能力、集成创新能力与原始创新能力之间的关系，需要从知识本质的角度出发去阐述。

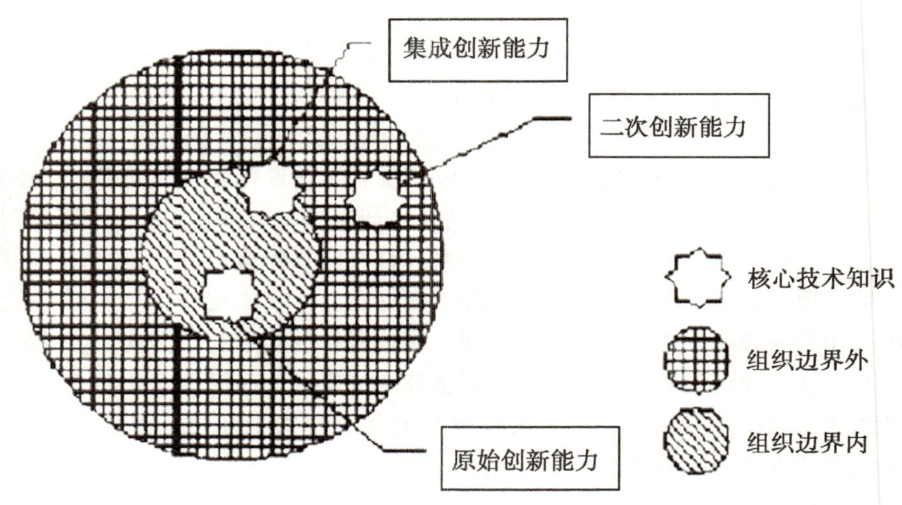

图 4-2　自主能力辨识的示意

由图 4-2 可知，二次创新能力所需的核心技术知识处于组织边界之外，园区要想完成二次创新过程，需要将必须的核心技术知识引入到园区内部来，但这种引进是机械的（无大规模改造核心知识的能力），并通过辅助知识（如市场知识）来对核心知识进行渐进式的包装和改进，以实现满足市场需求的二次创新过程。因此，二次创新能力在园区中一般表现为技术引进与设备改造，没有核心技术合作研发的环节。与二次创新能

力不同，集成创新能力则表现为拥有部分核心技术知识，但不足以完成基于核心技术的创新过程，需要与外部组织进行技术合作。这种核心技术知识和外部知识源的整合是有机的，甚至产生协同价值，最终帮助园区完成更高级的创新过程。具备原始创新能力的园区拥有原始创新过程所需的全部核心技术知识。这类园区完成原始创新过程，如果需要与外部进行合作，更多的是作为提高研发效率、降低研发成本的一种策略。

由此可见，二次创新能力和原始创新能力是相互独立和对立的两种创新能力路径。而集成创新能力则处于一种临界状态，相比于二次创新能力，集成创新能力拥有部分核心技术知识，因此更高级；相比于原始创新能力，集成创新能力缺少对大部分核心技术知识的掌握，因此更低级。换句话说，集成创新能力是一种从低阶能力走向高阶能力的过渡状态。3 种自主创新能力的关系如表 4-8 所示。

综上所述，本研究认为自主创新能力有两个层次，即低阶的二次创新能力和高阶的原始创新能力，而集成创新能力是从低阶走向高阶的过渡能力。

表 4-8　3 种自主创新能力的关系

	自主创新能力		
能力划分	二次创新能力	集成创新能力	原始创新能力
核心技术知识位置	组织边界外	组织边界内、外	组织边界内
核心技术知识掌握程度	外来引进，机械式掌握；无大规模改造能力，只能渐进式的改进与包装	部分掌握，需要与外部组织进行互动合作；协同作业、互利共赢	全部掌握
能力层次	低阶	过渡	高阶

三、孙桥园区技术创新路径选择机理

1. 内部驱动：吸收能力提升

吸收能力可以帮助孙桥园区进行知识创造和配置，进而建立其他方面的创新能力，如市场能力、制造能力等。由此可见，吸收能力是园区进行创新活动的基础能力。园区吸收能力的构建主要靠对组织学习的长期投资和关注。从知识源的角度分析，组织学习的方式主要包括“干中学”“用中学”“互动中学”和“研发中学”“在前沿科技中学”。此外，吸收能力具有累积性的特征，即吸收能力的类型和强弱决定了其对创新活动的推动作用。

在二次创新阶段，孙桥园区当时从荷兰和法国引进了先进的自动控制玻璃温室和双层薄膜自动充气温室，并投入使用，通过在生产使用过程中不断了解、掌握其关键技术，保证了核心技术的吸收和再创新能力。这种“用中学”的吸收能力构建方式帮助孙桥园区成功完成了关键技术引进后的消化吸收工作。在引进、消化、吸收荷兰自控温室技术的基础上，孙桥园区与上海电气集团、同济大学、上海农业科学院等单位合作，于 1999 年研究、开发、建造了 2 套国产化智能温室，面积分别为 0.5 公顷和 3 公顷。

前者温室屋和四周均用阳光板替代玻璃，后者按荷兰自控玻璃温室标准制造，总投资1 800万元，比从荷兰进口温室降低20%。这种与技术企业和科研院所的合作模式，使得孙桥园区实现了“互动中学”，并有效地完成了创新活动。

由于知识的传递性，孙桥园区在二次创新阶段完成了现代农业关键技术的原始积累，并在外部知识源搜寻方面进行积极探索，进入了集成创新阶段。进入集成创新阶段以后，孙桥园区加强与国内其他省市的合作，利用“两头在内、中间在外”的龙头企业带动模式，将现代农业技术、经验、品种辐射到全国，产生了良好的经济效益和巨大的社会效益。这种技术辐射服务的实践，以市场反馈信息改进生产技术的做法，是一种“干中学”的吸收能力构建过程。

在完成了“用中学”“干中学”和“互动中学”后，孙桥园区已经积累了很强大的技术实力，目前孙桥园区重点建设“一个中心、三个平台、两个基地”，开始进行自主研发，并基于先前积累的技术知识，完成“研发中学”的过程。另外，孙桥园区还在全球范围内构建自身的研发网络，与美国犹他州、南荷兰省、中科院上海生科院、中国农科院等建立紧密合作，在品质育种、水土修复、温室能源、生物农药等新技术领域先行先试。集聚世界最前沿的农业科技资源，实现成果高效示范和快速辐射，加快我国农业生产结构调整和发展方式转变，助力我国农业现代化，为打造全球化、高水准的上海现代农业科技创新中心做贡献。这些在“前沿科技中学”的投入使得孙桥园区的技术充满前瞻性，确保了其在国内现代农业领域的领先地位。

综上所述，孙桥园区的组织学习模式不断深入、吸收能力不断得到夯实和提升，为园区获取外部知识、整合内外知识提供了一种平台能力，提升了孙桥园区创新的效率和效果。这种多元的组织学习和吸收能力构建模式也帮助孙桥园区内化外部知识、整合内外知识、完成吸收能力的构建和提升，进而促进创新活动的升级和自主创新能力的跃迁。因此，本研究认为吸收能力是孙桥园区自主创新能力不断升级的内在驱动和重要基础。

2. 外部驱动：政策支持、科创中心建设与市场驱动

近20年来，中国一直处于转型经济期，转型的复杂性和动态性会产生一些随机事件或扰动，并影响园区的自主创新实践。这可能会促使孙桥园区的自主创新能力演化呈现出一定的中国特色。因此，有必要对孙桥园区自主创新三阶段的政策支持、科创中心建设与市场驱动进行讨论。

1994年园区成立初期，面对的是国内几乎空白的现代农业科技园区市场，孙桥园区的前身上海浦东孙桥现代农业开发区（孙桥）由于缺少先进的核心技术，只能引进国外技术实现现代农业生产。倘若没有国内欠缺温室技术的市场需求，也很难会使孙桥成功走向“先进技术+空白市场”的二次创新实践。进入2001年，经国家科技部批准，孙桥园区成为中国首批国家农业科技园区之一。2002年，孙联发被认定为农业产业化国家重点龙头企业，通过“孙桥技术指导生产、孙桥标准全程监控、孙桥品牌统筹销售”模式带动周边农业发展。2004年，孙桥成为“国家农业标准化示范区”“全国工农业旅游示范点”。2006年，“孙桥”农产品品牌被评为上海市著名商标。这些荣誉和称号推动了孙桥园区不断提高农业技术水平，生产出高水平和高质量的农产品和高技术含量的农业技术设施，为发挥自身的示范和辐射作用起到激励作用。2006年胡锦涛总

书记亲临孙桥园区考察，并作指示："建设社会主义新农村，最重要的是发展农业和农村经济，发展农业和农村经济必须依靠科技进步和创新，努力在农业技术上取得新突破，加快建设现代农业。"2008 年，孙桥成为"国家农产品加工示范基地""上海品牌园区"。2009 年胡锦涛总书记亲临都江堰现代农业园区视察并指示："孙桥公司在都江堰帮助援建现代农业园区，这样把上海先进技术与当地自然条件、劳动力资源结合起来，走出了一条发展现代农业的新路子，这种援建形式很好。"2013 年，为了进一步加强农业科技园区建设，提升园区在新一轮科技创新发展中的引领示范作用，浦东新区政府对原有运营公司进行改制，成立了上海浦东农业发展（集团）有限公司，并结合浦东新区的整体发展规划，调整原以孙桥地区为主的空间布局，增加老港镇等地区作为新一轮现代农业发展空间。做大做强的孙桥园区将进一步加强国际和国内合作，提高自主研发能力，为打造全球化、高水准的上海现代农业科技创新中心贡献应有的力量。

科创中心建设为孙桥园区的新一轮发展注入新的活力，孙桥科创中心建设将依托浦东先行先试、综合配套改革优势，利用好国际国内两个市场两种资源，聚焦世界最前沿农业科技资源，以孙桥国家现代农业开发区为核心，打造浦东孙桥现代农业科技创新中心，搭建一个从研发—孵化—示范推广的创新系统，建成农业科技研发总部、农业企业总部、农业人才集聚中心、技术示范基地和产业集聚基地，打造一个全球化、高水准的农业科技创新中心。

因此，国家农业政策的支持、科创中心建设的机遇及市场驱动使得孙桥园区不断进行技术创新，是其自主创新能力演化的外在推动力量。

第五节　孙桥技术创新演化历程

本研究通过对孙桥园区自主创新实践的纵向案例研究，梳理了孙桥园区自主创新能力的演化过程，具体体现在两个方面。

第一，孙桥自主创新过程是一个动态积累的过程。主导能力从二次创新能力、过渡到集成创新能力，最终走向原始创新能力。这一过程是园区面对技术引进的"天花板"效应所做出战略选择的结果，看似是一种随机过程，但实际上是一系列有组织的核心技术源的汲取和内化过程：园区从缺乏核心技术知识时以二次创新起步，逐步积累技术知识当积累到一定程度，园区开始在创新网络中寻找创新伙伴，整合内外技术知识，并不断完成先进技术的内化过程，最后，园区凭借多年的技术积累和大量的技术知识库，开始进行原创性的自主研发。

第二，孙桥自主创新能力演化路径受内因和外因共同作用。首先，吸收能力是孙桥园区能够完成各阶段能力积累和跃进的内在基础和动力，它帮助园区通过多种组织学习的方式，实现内外知识的有效整合，进而推动园区的能力升级。其次，历史压力和随机事件是促进孙桥园区在转型背景下实现自主创新能力演化的外部推力，并使得这种演化路径呈现出中国特色："零"技术基础的企业，通过技术引进等方式为起点完成技术追赶，不断夯实技术能力，最终实现技术赶超和领先。

第五章　上海市农业科技成果转化现状及存在问题

农业科技成果转化是实现农业科技成果的价值，并使科学技术这一要素与其他农业生产要素实现有效配置、与生产有机结合的关键环节，对于上海农业科技创新中心建设、整建制创建上海国家现代农业示范区、促进农业供给侧结构性改革，促进大众创业、万众创新，打造经济发展新引擎具有重要意义。近年来，上海在推进农业科技成果转化方面取得了一定成效，通过积极搭建平台、提供服务，引导高校和科研院所梳理科技成果资源，推动科技成果与产业、企业需求有效对接，形成了技术转让、技术许可、研发合作等多种形式的农业科技成果转化交易模式，实现科技成果市场价值。本章中所指的农业科技成果转化是指涉农高校及科研院所的品种、技术或专利通过转让、许可或者作价投资等方式，向企业或者其他组织转移科技成果，也包括对科技人员在科技成果转化工作中开展技术开发、技术咨询、技术服务等活动给予的奖励。本章将在梳理上海农业科技成果转化交易取得成效的基础上，分析存在问题及原因，提出促进上海农业科技成果转化的对策措施。

第一节　现状分析

一、科研院所科技成果丰硕

上海各高校及科研院所不断加大农业科技创新投入力度，促进本单位能产生更多的农业科技成果。如上海市农业科学院 2010—2016 年共产生了 700 多项成果，主要包括专利、品种以及非专利成果等。上海海洋大学也取得较多的农业科技成果，截至 2016 年 4 月 3 日，共拥有有效专利 586 件，其中，有效发明专利 218 件，有效实用新型专利 362 件，有效外观设计专利 6 件，软件著作权 233 件。

二、农业科技成果转化率有待提高

农业科技成果转化速度较慢，以上海交通大学农业与生物学院为例，农业与生物学院“十二五”期间（2011—2015 年），以专利实施许可，专利权转让等形式转化专利 30 余项，转让金额仅有 350 余万元。在调研的某农业科研院所 700 多项成果中，已经实施转化的有 226 项。其中大田作物类和蔬菜瓜果类的科技成果转化率较高，蔬菜瓜果类成果转化率达到 95. 31%，生物技术类成果转化率偏低，仅为 1. 45%（图 5-1）。

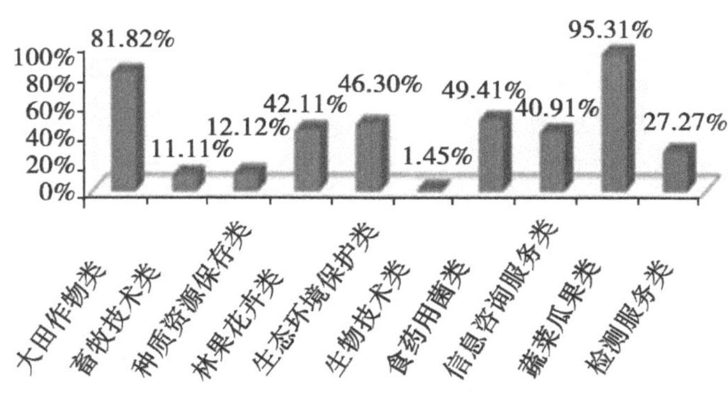

图 5-1　某上海农业科研院所农业科技成果转化结构情况

资料来源：实地调研。

三、农业科技成果转化结构多样

农业科技成果主要有品种、专利及部分非专利成果，在科研单位农业科技成果转化中，科技成果转化的结构也有较大差异。从上海市农业科学院转化的 700 多项科技成果中，农业科技成果主要包括品种、专利和非专利成果，从转化情况看，品种转化占有的比例最大，占比 90. 91%（图 5-2），专利转化占 38. 06%，非专利成果占 42. 68%，比例远低于品种权的转化。

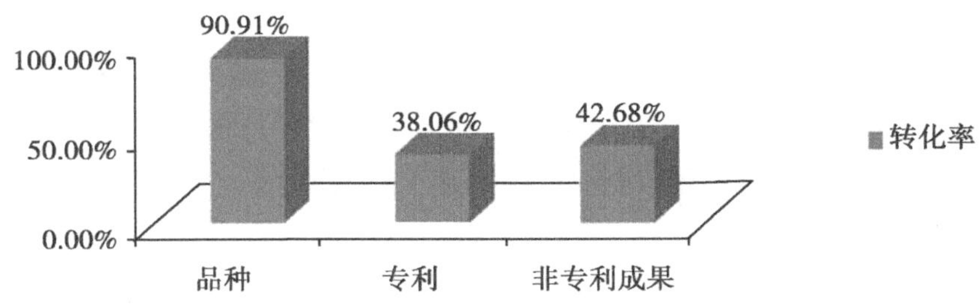

图 5-2　品种、专利及非专利成果转化率

资料来源：实地调研。

四、农业科技成果转化模式有益探索

近几年，上海在农业科技成果转化方面进行了有益探索，逐步引导农业科技成果在公开的平台上交易，以农业科技成果交易估值为突破，打造农业科技成果交易一站式服务平台，包括资产评估、法律咨询、信息发布、组织交易、价款结算、抵押融资等配套综合服务。通过科学估值、充分信息披露、规范交易，如利用公开的交易平台，成功交易了“华蜜 0526”甜瓜、“花优 14”、秋优金丰、秋优 336 等品种，对农业科技成果的第三方评估进行了有益的探索。

五、农业科技成果转化的相关配套措施逐步完善

近几年，上海正打造全球具有影响力的科创中心，为了促进科技成果转化，营造万众创新、大众创业的氛围，政府及各科研院所出台了一系列促进科技成果转化的政策、法规和制度。如上海市促进农业科技进步若干规定（2014 年 11 月 4 日）、上海市人民政府办公厅关于印发《关于进一步促进科技成果转移转化的实施意见》的通知（沪府办发〔2015〕46 号)，都对科技成果转移转化提出了实施意见。2015 年出台了《中共上海市委上海市人民政府关于加快建设具有全球影响力的科技创新中心的意见》后，市委农办 市农委也出台了关于贯彻《中共上海市委 上海市人民政府关于加快建设具有全球影响力的科技创新中心的意见》的实施意见（沪委农办〔2015〕68 号)，实施意见明确由成果完成单位自主决定采用成果转让、许可、作价入股等方式，进行科技成果转移转化，成果转化所得收益全部留归成果完成单位。同时该意见也提高了科研人员成果转化收益比例，成果转化收益归属研发团队所得比例不低于 70%，转化收益用于人员激励的部分不计入单位绩效工资总额。在科研单位层面也有相应举措促进本单位的科技成果转化，如上海师范大学在 2015 年成立了“技术转移中心”，旨在建立规范有效管理学校产学研和成果转化工作的专业化机构，最近将要通过试行“学校职务科技成果管理办法”，办法明确了学校科技成果转化流程、收益分配比例以及鼓励科研人员从事成果转化工作的措施等。由此可见，上海市出台了一系列规章、制度及实施意见等对农业科技成果转化提供了制度保障。

第二节　存在问题

一、缺乏专业的农业科技成果交易服务机构

农业科技成果交易市场处于培育初期，虽然市场上有大量的律师、评估机构、知识产权代理机构，但对于新兴的农业科技成果交易市场仍缺少服务于农业科技的专业配套

服务机构及相关从业人员。

二、农业科技成果定价难

由于以往对农业科技成果价值的忽视加之农业科技成果种类繁多、推广时不确定性大等因素影响，目前市场上缺少一套行之有效的农业类科技成果估值理论体系及相关评估机构。所以定价难成为农业类科技成果合理、有效转化的最大障碍。虽然农交所在农业科技成果合理精准估值方面做出了一定探索，累积了经验，但仍有许多不足需要进一步论证和完善。

三、科研机构缺少市场化转让意识

高校及科研部门作为科技成果转化的重要源头，其主观意愿是影响科技成果转化的决定因素。长期以来，高校及科研部门对科研人员的考核标准主要以论文、课题经费数目等为主，十分重视理论建设和实验室建设，缺乏对科技成果市场化的重视。而且一些高校及科研机构缺乏奖励机制，无法充分调动科研人员创新的积极性以及将科研成果市场化的主动性。

四、成果转化法律法规的执行最后一千米未打通

虽然国家、地区都先后出台了相关政策法规促进科技成果转化，但是由于科研机构本身缺少对科技人员的长效奖励、分配机制，无法调动科研人员的创新积极性以及科研成果市场化的主动性，成果转化的最后一千米仍有待打通。

第三节　农业科技成果转化瓶颈分析

农业科技成果由潜在的生产力转化为现实生产力是一个漫长的过程，涉及多个要素和环节，需要多方面的技术支撑和人力配合，受到自然环境和社会条件的双向制约，具有转化周期长、过程复杂的特点。当前，上海农业科技成果在转化过程中正遭遇各种瓶颈，严重阻碍了科研院所的科技成果全面应用、推广。

一、资金瓶颈

近年来，上海市对增加科技投入做出了很大努力，设立科技兴农课题促进上海农业科技创新、示范与推广。从科技兴农项目结构来看，主要包括科技攻关、科技推广、技术引进、产业技术体系及种源农业。但与需求相比，科研投入强度还是不够。一是科研投入总量不足。每年的农业科研投入资金占农业总产值的比重不到1%（若按1%比重

算，2016 年农业科研投入为 2.85 亿元），而全国的比重为 0.17%~0.27%，世界平均水平为 1.00%，发达国家已经超过了 5.00%。二是科研院所用于成果转化的资金不足，科研院所的科研工作重研究项目的投入，轻推广试验的投入。目前虽然我国已启动了农业科技成果转化资金专项，但上海市农业科研院所获得资助的项目少、金额少，体制机制有待突破，许多科技成果都滞留在实验室，不能及时转化为生产力。

二、产业瓶颈

目前，上海市都市现代农业产业规模逐步缩小，农业经营模式比较单一，在这种情况下，农业科技成果难以大范围应用，形成规模效益。一方面，小规模家庭经营模式阻碍了新的农业工艺的应用。特别是综合性强、技术强的科技成果，推广起来要求整体推动、综合应用、大面积配套才能取得经济效应。另一方面，农民老龄化严重，对新事物的接收度有待提高，对科技的重要性认识不足，对新技术、新品种、新模式的吸收、消化能力有限，科技成果应用的动力容易受到自然环境、生产环境和市场环境的影响。因此，鼓励和动员更多农民参与到科技成果转化过程中的难度较大。

三、技术瓶颈

农业科技成果转化存在技术上的问题，主要因为农业科技成果的有效供给不足。随着都市现代农业的发展，都市现代农业科技需求已突破单纯传统产业技术的范围，而转向种植、加工、贮藏、运输等各种新型产业技术；同时也已突破单一生产环节的专业技术范围，而转向产前、产中、产后各环节的综合配套技术。但是，受体制限制，上海市现有农业科研院所及高校在选题、立项、申报等方面缺乏市场选择性，往往关注“钱多利大”的好项目，而不关注项目的实用性和有效性；主管部门确定项目时往往重视农业科研成果“多不多”“大不大”，而忽视成果出来到底“能不能用”“好不好用”。这就使得许多科研成果从诞生开始就“不成熟”，根本无法及时有效地运用于生产实践，最后只能“死在摇篮里”。

四、组织瓶颈

农业科技成果推广工作的组织者从本质上看应该以政府为主体。而目前农业科研、技术推广和农民教育培训处于彼此分离状态，缺乏统筹协调、合理配置的功能。科研院所在进行技术推广工作时，因为缺乏有效的行政推动和公益性，很难达到理想效果；而政府机构因为缺乏经济利益的刺激和技术支持，也难以达到让农民满意的目的。同时，农业科研、推广和教育部门普遍存在管理上条块分割、多头管理的现状。这种缺乏有效分工、共同协作和资源合理流动的成果转化工作，是在“小打小闹”，往往事倍功半，既浪费资源，又“吃力不讨好”。

五、专业服务平台的功能发挥不充分

上海虽然也有市场化交易平台，但应有的信息发布、交易撮合等功能未能体现。以上海农村产权交易所为例，该平台于2009年由市政府批准成立，是本市农村产权包括农业类知识产权流转交易的权威平台。但在2015年之前，未有通过该平台成交的农业科技成果（通过其他技术交易平台转化的农业科技成果为零）。这种现状与国家提出的培育和发展专业市场，鼓励创办科技中介服务机构等政策导向不符。没有交易量，必然无法形成规模效益，亦无法集聚农业科技成果转化相关的专业服务机构及人才。反之，没有专业市场和人才的支撑，本市农业科技成果的转化缺乏活力，没有规范性和操作标准，转化的数量和效率都差强人意，这种“恶性循环”必须通过新的探索和新的路径予以突破。

第四节　上海农业科技成果转化典型案例分析

农业科技成果只有通过有效转化和交易才能实现产业化，促进农业科技与经济的结合。上海农村产权交易所是市级综合性农村产权交易服务平台，集信息发布、产权交易、法律咨询、资产评估、抵押融资等功能于一体，在农村产权交易、农村实物资产交易，农业科技创新成果转让等方面发挥了重要作用。2015年6月起，上海农村产权交易所（以下简称农交所）与上海市农业科技服务中心（以下简称农业科技服务中心）以农业科技成果交易估值为突破，打造农业科技成果交易一站式服务平台，包括资产评估、法律咨询、信息发布、组织交易、价款结算、抵押融资等配套综合服务。通过科学估值、充分信息披露、规范交易，以实现科技成果的价格发现，保证交易各方利益及安全，实现农业资源配置优化。

一、上海农业科技成果交易流程

农交所作为专业交易机构建立项目信息数据库、需求信息数据库、投资人信息数据库、专家信息数据库，提供信息发布、交易的平台，并聚集各领域的专业机构在此平台为科技成果交易提供第三方配套服务，上海市农业科技服务中心、农业类科研院所及高校、农业企业作为项目导入方提供农业科技成果交易项目来源。交易前期，专业人员将对项目进行尽职调查、交易方案设计，并由执业评估师及相关专家对科技成果进行估值确定挂牌底价。项目进入农交所交易体系后，项目信息在农交所投资人数据库中进行配对，农交所根据产权交易的相关规则进行信息发布、组织交易、价款结算。交易过程中，农交所携各领域的合作机构全程为交易提供法律咨询、质押融资等第三方专业服务。未征集到受让方的项目信息将保存在项目信息数据库待与后续农业技术需求方导入的需求信息进行配对，或进行二次研发以满足需求方的要求。

二、案例分析及模式

1. 第三方评估模式

（1）“华蜜 0526”甜瓜品种权转让。“华蜜 0526”甜瓜品种权转让是上海市首单通过公开平台进行交易的农业科技成果，该项目由上海市农业技术推广服务中心培育，经农业科技服务中心推荐进入农交所交易。交易前期，农交所从业人员对转让方及标的进行尽职调查，并由执业评估师执笔根据评估准则及收益法原理对“华蜜 0526”甜瓜品种市场价值进行分析得出初评结果。为避免估值受到评估师个人主观认知的影响，农交所与农业科技服务中心前后两次组织农业专业领域的技术专家、财务专家、产权交易专家召开专家评审会，专家们就初评结果在各自专业范围内对评估方法、技术、参数等内容发表意见，并最终形成经签字确认的专家评审会决议。农交所根据专家意见对初评估值进行修正并形成最终估值报告。随后，农交所通过网络、微信等渠道就该项目信息进行发布，发布内容包括挂牌底价、受让要求、项目简介。挂牌期间，农交所组织专场推介会对该项目进行路演，定向邀请众多种企及投资人参与，意向受让方与育种人在推介会现场进行了有效互动。在挂牌期满最终征求到上海惠和种业有限公司一家受让方后，农交所草拟了交易合同，并与农业科技服务中心组织交易双方就合同核心条款进行多次商务洽谈后于 2016 年 1 月 21 日成功签约。

（2）秋优金丰、秋优 336。杂交粳稻品种“秋优金丰”及“秋优 336”均由原闵行区农科所培育（现系闵行农技中心），其中“秋优金丰”于 2007 年 3 月 14 日通过植物新品种权申请，是上海市杂交稻主推品种之一，在机构职能变更过程中未及时缴费导致品种权丧失，经农交所实际调查梳理认为该品种制种所涉及的亲本及繁制技术均掌握在闵行农技中心并未流失可以实施转让，但因其法律权益丧失交易价值有所下降（“秋优 336”2015 年刚通过品种审定，推广面积较小，未来推广的增幅较小故价值较低）。最终“秋优金丰”及“秋优 336”征集到一家受让方，经过评估，最后以 31 万元的总价成交。

2. 竞价模式

优质强优势杂交粳稻组合“花优 14”品种权转让：优质强优势杂交粳稻组合“花优 14”品种权转让项目是首单以公开竞价方式充分发现市场价值的农业科技成果转让项目。该项目通过前期调查了解到“花优 14”承担着上海市 2/3 的杂交水稻种植任务，考虑到稳定上海杂交水稻供种的特殊性，因此农交所建议转让方在受让条件中增加了“意向受让方须书面承诺受让后在上海现行供种体制下保障“花优 14”在上海市的供种需求。”该项目在上海农交所挂牌期间，征集到两家意向受让方。转让方委托上海农交所通过网络竞价（多次竞价）方式确定最终受让方。竞价过程中，2 家企业按照竞价方案共进行 7 次有效报价。最终，上海弘辉种业有限公司以 259. 7 万元成功竞得该项目，并当场在竞价确认书上签字。

3. 协议定价

（1）“上师大 5 号”水稻新品种科技成果转化。“上师大 5 号”水稻属于巨胚水稻，由上海师范大学生命与环境科学学院李建粤教授负责的植物分子遗传学实验室课题组于2009年成功选育。在2010年，“上师大5号”通过上海市水稻新品种审定（审定编号为：沪农品审水稻（2010）第007号），并于2015年1月获得农业部授权的植物新品种权证书（品种权号：CNA20090072.0）。

在2012年5月，上海师范大学与上海长禾农业发展有限公司就“上师大5号”巨胚水稻签订了技术转让合同，转让金额为62.5万元。从2012年5月至2013年12月，上海长禾农业发展有限公司对“上师大5号”水稻种植及糙米加工技术进行了探索，并进行了种源扩繁。从2014年1月起，上海长禾农业发展有限公司委托上海申禾农业科技有限公司对“上师大5号”水稻加工的“巨胚玄米”进行试销。目前“上师大5号”巨胚米已在“上海第一食品南京东路店”“久光百货”“高岛屋”“第一八佰伴”等的食品超市，“特位购”天猫店以及“八方六禾”淘宝店有售。在经历两年多试销时间内，“巨胚玄米”产品得到了一些特殊人群的认可，已创造了一定的社会效益和经济效益。

（2）双色冰淇淋。双色冰淇淋西瓜是西瓜的新品种。该瓜瓜皮翠绿，单瓜重四五千克，瓜肉是互为镶嵌的奶黄色与粉红色，“双色冰淇淋”是20世纪90年代由顾卫红培育的特色西瓜新品种，2003年取得了新品种审定权，历经十余年的努力，顾卫红终于选育出口感风味和瓤色独绝的西瓜新品种“双色冰淇淋”。该品种经过课题组与企业协商定价的模式，一次性全部转让品种权，企业为“双色冰淇淋”量身定做了一整套市场化的成果转化方案，从产地选择、种植农户的筛选培训、产品质量标准的制定、全程质量追溯系统的建立及包装、运输等全程产业链，进行了全面的整合和完善，首次实现了“双色冰淇淋”西瓜的标准化和规范化生产。未来几年，课题组还将持续跟踪大规模栽培及进行市场推广，为“双色冰淇淋”可能遭遇的各种“水土不服”，随时提供技术解决方案。

4. 产学研合作

（1）罗氏沼虾的成果研发与推广。在罗氏沼虾育苗方面，与金山漕泾镇在多年产学研合作基础上合作建立的“上海申漕特种水产开发公司”，通过科研、教学和科技推广工作产学研合作，主持、参加了23项国家和上海市的有关虾类育苗、养殖的科研课题。上海申漕特种水产开发公司成为上海市产学研基地、渔业示范基地、虾类研发基地、上海市水产良种场和区水产龙头企业，在生产中创建的“申漕牌”罗氏沼虾苗种成为上海海洋大学科研力量服务社会的标志性成果。主持的“坚持特色、充实内涵——水产养殖专业产学研合作实践教学的深化改革与实践”课题获2008年度校教学成果二等奖，所在的“上海海洋大学虾类温室集约化健康养殖技术开发团队”分别荣获2008年度上海市教育工会和2009年度上海市总工会“工人先锋号”荣誉称号。

在罗非鱼产业化方面，与广东罗非鱼良种场和青岛罗非鱼良种场等企业合作，积极开展罗非鱼产业的研究，促成了贯穿罗非鱼产业上、中、下游的种源、养殖及加工3项产业，为我国罗非鱼养殖产量全球第一、加工出口全球第一、产业链规模全球第一的地位提供了技术支撑。

在坛紫菜产业化方面，与福建大成水产良种繁育试验中心、福建申石蓝食品有限公司、厦门新阳洲水产品工贸有限公司等企事业单位合作，创建了坛紫菜单性良种选育技术，培育出了我国第一个坛紫菜新品种——“申福1号”，并获得国家水产新品种认定。

在农产品冷链保藏方面，与上海宝丰机械制造有限公司和上海星辉蔬菜有限公司等企业合作，研发了新型预冷技术及其设备，成功地为设备制造企业、农产品加工企业带来了良好经济效益，分别新增产值1 200万元和600万元。

在远洋渔业资源开发方面，与上海金优远洋渔业有限公司和浙江丰汇远洋渔业有限公司等企业合作，围绕掌握捕捞对象分布、提高捕捞效率等进行科技攻关，在2008—2010年实现了累计产量29.07万吨，新增产值32.76亿元，增收节支1.11亿元，增强了远洋鱿钓国际竞争力，维护了我国在东南太平洋的公海渔业权益。

（2）工厂化循环水养殖。渔机所遵循以“节水减排”养殖为政策导向，与北京市农业局签订都市节水渔业的战略合作协议，并以此为契机，在北京开展工厂化循环水养殖装备工程的成果转化及推广示范，在五年多的时间共建立示范点20多个，有效的促进了科技成果转化及都市渔业的发展，进一步推动我国农业科技进步。

（3）甜瓜产业关键技术研发及品种选育技术推广应用。上海市西甜瓜产业技术体系积极开展甜瓜产业关键技术研发及品种选育工作，培育出耐湿热薄皮和厚皮甜瓜新品种，开发集成“甜瓜连作障碍克服”等栽培新技术及“西甜瓜规模化优质种苗生产”技术。新品种推广至上海、山东等地，累计应用面积8 000余亩，新技术累计应用面积2 000余亩。开发研制的育苗技术、设施和管理软件等已在上海种苗生产中应用，2015年生产种苗1 300余万株，占上海所需种苗量的21%，显著提升种苗质量与甜瓜产量品质，推动甜瓜生产高效发展。

（4）扁豆已经形成高效的产业新标准和新模式，使这一小作物在上海成为年种植1.85万亩的大产业。近3年累计推广面积6.588万亩，新增产值9.94亿元，并在上海形成了世界最大规模的菜用扁豆产业化生产，取得了巨大的经济效益和社会效益，有力地促进了农业增效农民增收。

第五节　促进上海市农业科技成果转化对策与措施

一、打造专业配套服务的集聚平台

专业化配套服务的集聚平台是促进农业技术成果转移交易的重要支撑，因此鼓励各类农业知识产权专业服务机构的发展。使其作为交易平台的重要支撑，为各类农业科创项目提供代理、评估等方面的专业服务。视情况在交易各环节引入第三方服务机构为交易提供法律咨询、商务洽谈、资产评估、质押融资、保险等交易配套服务，依托成熟的产权交易规则，规范交易行为，降低交易风险。组织专家进行项目筛选，挑选科技含量高、具有经济价值的成果进行交易，提高项目交易的成功率。创新交易方式，通过平台实现农业科研机构及院校的科研成果与企业需求对接，对已研发的科技成果进行二次研发，实现科技成果与市场需求的深度结合。

二、建立市场主导的、公开公平的农业科技成果交易平台

从中央到地方关于促进科技成果转化的条例法律法规中，均提出要充分发挥交易平台的功能，促进创新资源的有效配置。上海农业科技创新中心的建设，也必须坚持需求导向和产业化方向，建立和完善市场主导的，公开公平的农业科技成果交易平台。一是通过平台的规范化运作，使通过财政资金支持形成的农业科技成果实现公正、公开的转化交易，防止国有无形资产的流失；二是通过平台的专业化运作，有效整合市场资源，集聚专业服务，保障信息对称，实现价格发现，使符合市场需求的农业科技成果最大程度实现自身价值。

三、鼓励在市级统一产权交易平台交易

鉴于上海农村产权交易所在农业科技成果交易方面已经做出积极探索并累积了一定经验，建议政府部门充分发挥上海农村产权交易所市级统一农村产权交易平台的功能优势，依托其已有的完善交易规则体系和专业化服务团队，继续完善上海市农业科技成果交易平台建设。具体措施包括：一是积极引导各类农业科研院所、涉农高校及农业科创平台与交易平台对接，促进各类农业科技成果通过公开市场进行规范交易。二是支持本市农业科技成果交易平台建设，特别在平台的信息化、规范化建设方面进行指导和支持。

四、相关法律法规细则还须进一步落地

国家和上海市层面出台了一系列方案促进科技成果转化，如国务院办公厅关于印发促进科技成果转移转化行动方案的通知（国办发〔2016〕28 号），上海市人民政府办公厅关于印发《关于进一步促进科技成果转移转化的实施意见》的通知（沪府办发〔2015〕46 号），上海科技成果转化的立法工作也在征求意见中，但这些细则或实施方案中，相关细则还不明确，一项农业科技成果转化后获得资金的分配问题还较难界定，使得农业科技成果转化的最后一公里问题还未解决，因此相关法规、方案的实施细则亟须进一步落地。

五、强化科研立项与成果转化紧密协同

科研立项时注重成果与市场需求与社会需求的紧密协同，对课题立项、成果转化等关键环节，进行全程督促，把住了科研立项、研究水平等“关口”，使科研课题针对性显著增强，科研成果转化率大大提高。加强产学研协作，鼓励联合研发。为使高校研发活动接近市场需求，发达国家纷纷大力发展产学研联盟，倡导和组织高校与企业间的合作研究。如日本于 20 世纪 70 年代制定了《联合研究制度》《研究交流促进法》等，美

国 1986 年制定的《联邦技术转移法案》授权联邦科研机构与州政府及企业的科研机构开展合作研究等，较好地解决了科研立项与成果转化脱节问题。

六、建设科技成果转化人才队伍

开展技术转移人才培养，充分发挥各类创新人才培养示范基地作用，依托有条件的地方和机构建设一批技术转移人才培养基地。推动建设专业化技术经纪人队伍，畅通职业发展通道。鼓励和规范高校、科研院所、企业中符合条件的科技人员从事技术转移工作。与国际技术转移组织联合培养国际化技术转移人才。强化科技成果转移转化人才服务，构建“互联网+”创新创业人才服务平台，提供科技咨询、人才计划、科技人才活动、教育培训等公共服务，实现人才与人才、人才与企业、人才与资本之间的互动和跨界协作。

第六章　都市现代农业科技实力评价指标构建及评估

本章通过回顾总结科技实力的评价方法，基于层次分析方法及信息熵法，根据都市现代农业科技活动的特点，从农业科技研发实力、农业科技支撑实力、农业科技示范实力和农业科技推广实力四个方面构建都市现代农业科技实力的评价指标体系。

第一节　农业科技实力的内涵及构成

农业科技是指用于农业生产方面的科学技术以及专门针对农村生活方面和一些简单的农产品加工技术，包括种植、养殖、化肥农药的用法、各种生产资料的鉴别、高效农业生产模式等。

农业科技实力是一个动态性、评估性的概念，是指在现有科技资源条件下，进行科技活动，发挥效能，取得产出，促进社会、经济、科技全面发展的能力。它既包含农业科技发现、技术革新、技术改造等农业科技本身的活动，也包括农业科技对经济、社会、生态等诸多方面的影响，它的突出特点是农业要素生产率的提高。因此，凡能促进农业要素生产率提高的新技术、新设备、新材料、新工艺等基础要素以及生产组织、管理方法、农业科技环境及政策等都应纳入农业科技实力的范畴，农业科技实力是一个具有复杂结构的系统，是创造和掌握新知识并应用新知识于农业生产和非生产领域各阶段、各要素的一个渗透、扩展过程。农业科技实力是一个国家和地区农业综合实力的重要表现，在科学技术日新月异的今天，一个国家或者地区农业综合实力的竞争归根结底是农业科技实力的竞争。

第二节　农业科技评价指标体系构建的基本原则与特点

建立一套系统、科学、规范化的农业科技实力评价体系能够全面、客观的反映三大都市农业科技实力的实际，从而能够全面的了解北京、上海、天津三大都市农业在全国农业发展中的定位及角色，为此，在确定评价指标体系时应遵循以下原则。

一、基本原则

1. 针对性、过程性原则

农业科技实力指标体系既要反映农业科技的发展水平，又要通过对农业科研与创新、农业科技示范及农业技术推广等的综合评价反映农业科技实力。从前述农业科技实力的定义中可以看出，农业科技实力最终是通过农业科研、农业科技示范、农业科技推广三个链条结构及农业科技政策环境不断循环实现的。因此，评价都市现代农业科技实力，就必须着眼于农业科技实力形成的全过程，从农业科技研发到农业科技示范再到农业科技推广应用的全过程建立评价指标体系。

2. 科学性、可操作性原则

指标体系的设计必须建立在科学的基础上，客观真实地反映三大都市农业科研、农业科技示范及推广应用情况，目的在于找出农业科技发展中的差距及不足。所以，指标体系的建立应具有科学性和可操作性，即一方面要充分考虑统计资料的来源，便于从现行统计资料中直接或间接获取。另一方面虽然有些指标目前难以获得，但设置的指标可以为统计部门提供指标设置方面的参考，不仅评价方法要简便易行，在指标设置上也要体现少而精的原则。

3. 综合性、重点性原则

农业科技实力评价指标体系不仅涉及农业技术进步，还涉及农业科技促进经济发展、农村社会进步及农村生态环境的改善等方面，即要兼顾经济效益、社会效益和生态效益评价的统一。构建的指标体系在力求客观、全面、科学、突出重点的同时，应具有一定的综合性，能全面、系统地揭示农业科技的综合实力，更能客观的反映三大都市农业科技的综合实力。

二、特点

1. 系统性

农业科技实力评价不仅重视农业科技开发带来的效益，同时更注重那些潜在的、高次级的、不可逆的消极影响。它的评价越出了一般的技术评价、经济评价、环境评价的界限，而是综合地评价科技在经济、社会、生态等方面的全面影响。因此，农业科技实力评价的目标是社会总体效益的最大化。

2. 客观性

农业科技实力评价涉及面广、内容复杂，必须按照科学的程序组织实施，才能得出科学的符合实际的结论。为了保证农业科技的客观性，农业科技实力评价一般由第三方开展评价。只有坚持客观性，农业科技实力评估才能摆脱主观因素的影响，做到以科学分析为依据、以总体利益为目标，从而得出客观、公正的结论，制定出有效的农业科技发展对策。

3. 广泛性

农业科技实力评价涉及技术应用的广泛的部门及其政策选择，其中包括社会、经济、技术、生态等一系列问题，以及它们之间的相互关系。因此进行农业科技实力评价，不仅要有与该技术有关的专家参加，还要有其他相关学科的专家参加，包括社会学家、生态学家乃至农业科技推广人员及农业技术使用人员的参与。

第三节　都市现代农业科技实力评价指标体系选择

一、农业科技实力综合评价指标体系构建的指导思路

农业科技创新作为保证现代农业可持续发展的重要手段，对农业科技实力进行综合评价，应该使用多指标综合评价，就是要从多个角度选取不同的指标，以反映不同的侧面，然后综合起来反映其整体状况。从农业科技创新的丰富内涵和特征思考，农业科技创新的结果即农业科技实力的综合表现，对农业科技实力的评价也即对农业科技创新的各环节进行评价。农业科技创新链条一般包括农业研究开发阶段、农业技术示范阶段和推广应用三个阶段，农业科技实力的综合表现也即在一定的政策环境下农业科技创新链条各环节的综合实力，具体包括农业科研实力、农业科技示范实力、农业科技推广应用实力以及农业科技政策与环境四个方面。下面将四个方面综合起来考虑对上海的农业科技实力进行相对全面的评价并与北京、天津做对比分析。在指标的选取方面，主要参考国内外学者们的研究成果，选取具有一定权威性和说服力的指标。

二、农业科技实力综合评价指标体系构建

通过对我国农业科技实力内涵及构成的初步分析，借鉴国内外比较成熟的科技实力评价指标体系，考虑到上海、北京及天津都市现代农业的特点，用理论分析法对农业科技综合实力的内涵、特征、构成进行分析、比较和综合，将农业科技实力综合评价总目标分解为农业科研实力、农业科技示范实力、农业科技推广应用实力及农业科技政策与环境四部分（表6-1），然后逐层深入细化，得到一般评价指标体系，并结合频度统计法和专家咨询法对指标体系进行调整与筛选。利用专家调查法，针对一般指标体系的合理性，发出征询函30份，返回28份。对函询结果进行整理，归纳出农业科技综合实力评价指标体系。

表 6-1　农业科技实力评价指标体系

一级指标：目标层	二级指标：准则层	三级指标：指标层	单位	
A：农业科技实力	B1：农业科技研发实力	科学研究与开发机构数（个）	个	C11
		专利申请授权数量	个	C12
		获奖农业科技成果数量	个	C13
		农业 RD 人员全时当量	人年	C14
	B2：农业科技支撑实力	农业科技人员数	人	C21
		农业科技进步贡献率	%	C22
		单位面积农业总产值	万元/公顷	C23
		农业科技经费投入强度	%	C24
		土地产出率	元/公顷	C25
	B3：农业科技示范实力	农业植物新品种权申请和授权		C31
		设施农业面积比重	公顷	C32
		农产品加工产值占农业总产值比重	%	C33
	B4：农业科技推广应用实力	单位耕地面积农业机械总动力	千瓦/公顷	C34
		万人农民中农业科技人员数	个	C35
		农业技术合同签订金额	万元	C36
		有效灌溉面积比例	%	C37

指标解释说明如下。

1. 农业科技研发实力

科学研究与开发机构数（个）：指从事科学研究和开发机构的数量。

专利申请授权数量：考察期内农业科研机构申请授权的专利数量。

获奖农业科技成果数量：考察期内获得农业科技成果奖的数量。

农业 RD 人员全时当量：由参加农业 R&D 项目人员的全时当量及应分摊在 R&D 项目的管理和直接服务人员的全时当量两部分相加计算。

R&D 项目人员的全时当量由参加基础研究、应用研究、试验发展三类项目人员的全时当量相加计算。

2. 农业科技支撑实力

农业科技人员数：指从事农业及涉农产业的科技人员数量。

农业科技进步贡献率：反映农业科技进步对农业总产值增长率贡献份额的重要指标。农业科技进步率是农业总产值增长率中扣除新增投入量产生的总产值增长率之后的余额。农业科技进步率除以农业总产值增长率，就是农业科技进步贡献率。

单位面积农业总产值：农业科技创新成果能否促进区域农业总产值的增加，是反映农业科技创新是否成功的最直接的因素之一。因此，对于被评价对象区域内农业总产值变化情况的评价能够很好的反映农业科技在经济效益方面贡献实力。为了剔除农业生产面积变化的影响，本研究以被评价对象区域内单位面积农业总产值来表示。

农业科技经费投入强度：在国际上农业科研投入强度用农业科研投资占农业国内生

产总值的比重表示，经常被用来衡量政府对农业科研的投入水平。其中农业科技投入是农业科研投入与农业科技推广投入总和。计算公式：农业科技投入强度（%）= 农业科技经费/农业总产值×100

土地产出率：是指单位土地上的平均年产值，是反映土地利用效率的一个重要指标。在当前土地资源紧缺的情况下，合理利用土地，提高土地的利用效率，实现社会经济的可持续发展，是各级政府研究的一个重要课题。

初中以上农业产业人员比重：农业劳动力受教育程度指标，这是反映农业从业人员素质的一个指标，用初中以上劳动力比重表示。计算公式：农业劳动力受教育程度（%）= 初中程度劳动力人员数/农业从业人员总数×100

3. 农业科技示范实力

农业植物新品种权申请和授权：植物新品种是指经过人工培育的或者对发现的野生植物加以开发，具备新颖性、特异性、一致性、稳定性，并有适当的命名的植物新品种。完成育种的单位和个人对其授权的品种，享有排他的独占权，即拥有植物新品种权。

设施农业面积比重：设施农业面积占总耕地面积的比重。

农产品加工产值占农业总产值比重：指食品产业、农副食品加工产业产值占农业总产值的比重。

4. 农业科技推广应用实力

万人农民中农业科技人员数：这是反映农业科技人员比重的指标，用农业科技人员数/农村人口数表示。每万人中的农业科技人员数，体现了一个区域的农业科技基础实力。这里的农业科技人员指获得有关部门颁发的农业科技证书，从事农林牧渔生产或与这些生产有关的科研、科普或技术推广人员。万人农业科技人员数反映了农业科学技术的研究、推广和应用水平。计算公式为：农业科技人员所占比重（%）=（农村农业科技人员总量/农村总人口）×100

单位耕地面积农业机械总动力：这是反映农业科技推广应用情况的一个指标。用农业机械总动力与耕地面积比值表示。

技术合同签订金额（万元）：反映农业技术推广应用的情况，采用农业技术合同签订金额表示。

有效灌溉面积比例：指一般年份可以正常灌溉的土地面积，反映农业科技推广应用的一个指标。

第四节　综合评价模型

一、信息熵法

信息熵是一个热理学概念，最先由 Shannon C. E. 引入信息论，作为确定权重的客观手段已在工程技术与社会经济领域得到了广泛应用。熵权法是进行多指标综合评价的一种重要方法，它根据客观环境的原始信息，通过分析各指标之间的关联程度及各指标所提供的信息量客观地为各指标赋权，根据指标所包含信息量的多少来确定指标权重。指标的熵值越小，则指标值的变异程度越大，提供的信息量也就越多，在综合评价中起的作用越大，即权重也越大。本书采用熵值模型，以北京、天津、上海为研究对象，从农业科技研发实力、农业科技支撑实力、农业科技示范实力、农业科技推广实力四个角度进行定量评价和客观比较。

熵权法进行综合评价的主要步骤如下。

1. 指标数据的标准化

设有 m 个评价单元，n 个指标，d_{ij} 为初始数据，μ_{ij} 为标准数据，M_j和 m_j分别为第 j 项指标的最大值和最小值，极大型指标数据转换为：$\mu_{ij}=\dfrac{d_{ij}}{M_j}$，$i=1, 2, \cdots, m; j\in$ 极大型指标。

将标准数据 μ_{ij} 转化为比重值 P_{ij}，$P_{ij}=\dfrac{\mu_{ij}}{\sum_{i=1}^{m}\mu_j}$，$i=1, 2, \cdots, m$，$j=1, 2, \cdots, n$。

2. 计算各指标的熵值和权重

熵值 $e_j=-K\sum_{i=1}^{m}P_{ij}\ln P_{ij}$ $(j=1, 2, \cdots, n)$，式中，$K=1/\ln m$

权重 $W_j=1-e_j$，归一化处理后得 $W_j=\dfrac{W_j^{'}}{\sum_{j=1}^{n}W_j^{'}}$，$(j=1, 2, \cdots, n)$。

3. 通过加权综合计算出综合评价值

$E_i=\sum_{j=1}^{n}W_j\cdot\mu_{ij}$，$i=1, 2, \cdots, m$。

二、综合评价实证

根据上节提出的评价指标体系与计量模型，计算出各指标的综合指数，判断出三大都市农业科技实力的对比情况。

1. 指标来源及处理

北京、天津及上海农业科技的相关指标来源于《上海统计年鉴》《上海郊区统计年鉴》《北京统计年鉴》《北京区域统计年鉴》《天津科技年鉴》《北京科技年鉴》《中国科学技术奖励年鉴》《中国科技统计年鉴》、三大都市统计公报、科委网站、三大都市“十三五”都市型现代农业发展规划、《中国农业年鉴》等。

2. 指标数据标准化处理及权重

通过对各指标数据进行处理测算，得出各指标的标准化值及权重，详见表 6-2、表6-3。

表 6-2　2016 年三大都市农业科技实力评价指标归一化处理结果

三级指标：指标层	单位		北京	天津	上海	e_j	W_j	归一后 W_j
科学研究与开发机构数（个）	个	x1	0.412	0.235	0.353	0.977	0.023	0.018
专利申请授权数量	个	x2	0.401	0.192	0.408	0.955	0.045	0.035
获奖农业科技成果数量	个	x3	0.242	0.455	0.303	0.968	0.032	0.024
农业 RD 人员全时当量	人/年	x4	0.696	0.060	0.244	0.697	0.303	0.231
农业科技人员数	人	x5	0.401	0.278	0.321	0.989	0.011	0.008
单位面积农业总产值	%	x6	0.356	0.184	0.460	0.943	0.057	0.043
农业科技经费投入强度	万元/公顷	x7	0.537	0.261	0.202	0.918	0.082	0.063
土地产出率	%	x8	0.472	0.232	0.296	0.959	0.041	0.031
农业植物新品种权申请和授权	元/公顷	x9	0.655	0.148	0.197	0.801	0.199	0.152
设施农业面积比重		x10	0.507	0.224	0.269	0.940	0.060	0.046
农产品加工产值占农业总产值比重	公顷	x11	0.352	0.344	0.304	0.998	0.002	0.001
农业科技进步贡献率	%	x12	0.336	0.318	0.346	0.999	0.001	0.000
单位耕地面积农业机械总动力	千瓦/公顷	x13	0.332	0.446	0.222	0.965	0.035	0.026
万人农民中农业科技人员数	个	x14	0.593	0.036	0.371	0.726	0.274	0.209
农业技术合同签订金额	（万元）	x15	0.416	0.314	0.270	0.985	0.015	0.011
有效灌溉面积比例	%	x16	0.425	0.221	0.354	0.969	0.031	0.024

表 6-3　农业科技实力评价指标体系各指标的权重

一级指标：目标层	二级指标：准则层	三级指标：指标层	单位		权重
A：农业科技实力	B1：农业科技研发实力（0.107）	科学研究与开发机构数（个）	个	x1	0.043
		专利申请授权数量	个	x2	0.087
		获奖农业科技成果数量	个	x3	0.338
		农业 RD 人员全时当量	人/年	x4	0.533
	B2：农业科技支撑实力（0.377）	农业科技人员数	人	x5	0.046
		农业科技进步贡献率	%	x6	0.259
		单位面积农业总产值	万元/公顷	x7	0.084
		农业科技经费投入强度	%	x8	0.242
		土地产出率	元/公顷	x9	0.369
	B3：农业科技示范实力（0.394）	农业植物新品种权申请和授权		x10	0.154
		设施农业面积比重	公顷	x11	0.332
		农产品加工产值占农业总产值比重	%	x12	0.205
	B4：农业科技推广应用实力（0.121）	单位耕地面积农业机械总动力	千瓦/公顷	x13	0.309
		万人农民中农业科技人员数	个	x14	0.754
		农业技术合同签订金额	（万元）	x15	0.044
		有效灌溉面积比例	%	x16	0.101

3. 农业科技实力评价结果

通过公式 $E_i \sum_{j=1}^{n} W_j \cdot \mu_{ij}$，$i=1$，2，…，$m$，计算出加权综合评价值，见表 6-4。

表 6-4　2016 年三大都市农业科技实力评价值

	北京	天津	上海
农业科技研发实力	0.298	0.117	0.147
农业科技支撑实力	0.193	0.157	0.193
农业科技示范实力	0.209	0.075	0.082
农业科技推广应用实力	0.266	0.168	0.198
农业科技实力	0.966	0.517	0.620

类似的方法和步骤，测算出了 2005—2016 年的三大都市农业科技的整体实力及分项实力，测算结果见下图，表 6-5 至表 6-9。

表 6-5　2005—2016 年三大都市农业科技实力评价值

年份		农业科技研发实力	农业科技支撑实力	农业科技示范实力	农业科技推广应用实力	农业科技实力
2005	北京	0. 270	0. 190	0. 250	0. 212	0. 923
	天津	0. 056	0. 071	0. 035	0. 110	0. 273
	上海	0. 195	0. 075	0. 148	0. 138	0. 557
2006	北京	0. 249	0. 150	0. 247	0. 224	0. 870
	天津	0. 057	0. 074	0. 034	0. 101	0. 266
	上海	0. 218	0. 092	0. 117	0. 130	0. 557
2007	北京	0. 255	0. 211	0. 235	0. 238	0. 938
	天津	0. 049	0. 077	0. 038	0. 097	0. 261
	上海	0. 166	0. 087	0. 082	0. 117	0. 451
2008	北京	0. 327	0. 096	0. 220	0. 280	0. 923
	天津	0. 054	0. 056	0. 039	0. 127	0. 276
	上海	0. 182	0. 084	0. 102	0. 236	0. 604
2009	北京	0. 309	0. 088	0. 242	0. 289	0. 928
	天津	0. 047	0. 053	0. 042	0. 122	0. 264
	上海	0. 178	0. 085	0. 104	0. 227	0. 594
2010	北京	0. 276	0. 063	0. 399	0. 215	0. 954
	天津	0. 045	0. 038	0. 034	0. 075	0. 192
	上海	0. 153	0. 064	0. 046	0. 176	0. 438
2011	北京	0. 281	0. 083	0. 309	0. 294	0. 966
	天津	0. 047	0. 049	0. 051	0. 116	0. 264
	上海	0. 138	0. 071	0. 065	0. 196	0. 471
2012	北京	0. 331	0. 094	0. 214	0. 293	0. 933
	天津	0. 078	0. 051	0. 105	0. 090	0. 324
	上海	0. 156	0. 081	0. 087	0. 177	0. 500
2013	北京	0. 324	0. 024	0. 108	0. 239	0. 785
	天津	0. 205	0. 056	0. 044	0. 077	0. 382
	上海	0. 241	0. 090	0. 023	0. 170	0. 524

（续表）

年份		农业科技研发实力	农业科技支撑实力	农业科技示范实力	农业科技推广应用实力	农业科技实力
2014	北京	0. 110	0. 052	0. 067	0. 094	0. 323
	天津	0. 179	0. 081	0. 058	0. 181	0. 499
	上海	0. 322	0. 062	0. 178	0. 269	0. 831
2015	北京	0. 131	0. 053	0. 072	0. 087	0. 343
	天津	0. 192	0. 084	0. 056	0. 176	0. 508
	上海	0. 298	0. 193	0. 209	0. 266	0. 966
2016	北京	0. 117	0. 157	0. 075	0. 168	0. 517
	天津	0. 147	0. 193	0. 082	0. 198	0. 620
	上海	0. 110	0. 052	0. 067	0. 094	0. 323

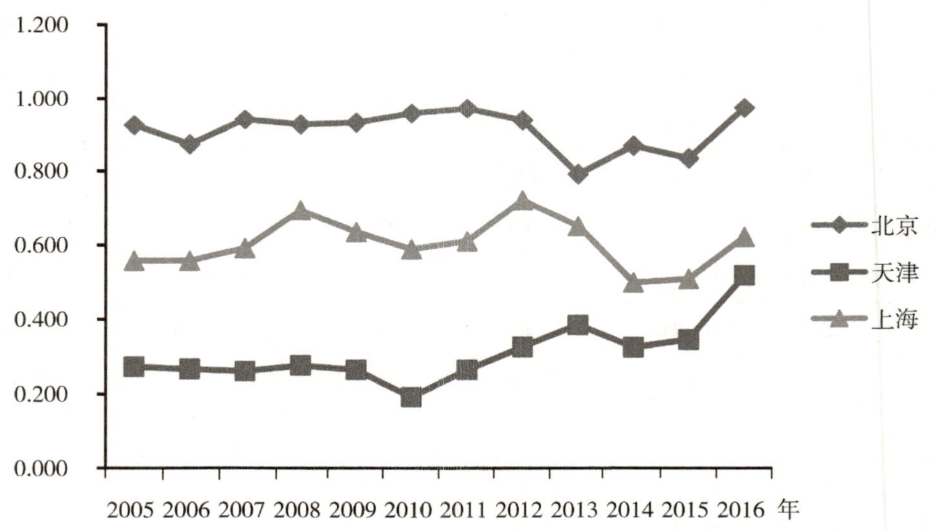

图　2005—2016 年三大都市农业科技实力评价变化情况

表 6-6　2005 以来北京主要年份农业科技实力分解评价值

	2005 年	2007 年	2009 年	2011 年	2012 年	2013 年	2014 年	2015 年	2016 年	平均
农业科技研发实力	0. 270	0. 255	0. 309	0. 281	0. 331	0. 324	0. 312	0. 322	0. 298	0. 296
农业科技支撑实力	0. 190	0. 211	0. 088	0. 083	0. 094	0. 024	0. 067	0. 062	0. 193	0. 110

（续表）

	2005 年	2007 年	2009 年	2011 年	2012 年	2013 年	2014 年	2015 年	2016 年	平均
农业科技示范实力	0. 250	0. 235	0. 242	0. 309	0. 214	0. 108	0. 211	0. 178	0. 209	0. 235
农业科技推广应用实力	0. 212	0. 238	0. 289	0. 294	0. 293	0. 239	0. 275	0. 269	0. 266	0. 258
农业科技实力	0. 923	0. 938	0. 928	0. 966	0. 933	0. 695	0. 865	0. 831	0. 966	0. 899

表 6-7　2005—2016 年天津农业科技实力分解评价值

	2005 年	2007 年	2009 年	2011 年	2012 年	2013 年	2014 年	2015 年	2016 年	平均
农业科技研发实力	0. 056	0. 049	0. 047	0. 047	0. 078	0. 205	0. 11	0. 131	0. 149	0. 086
农业科技支撑实力	0. 071	0. 077	0. 053	0. 049	0. 051	0. 056	0. 05	0. 053	0. 054	0. 057
农业科技示范实力	0. 035	0. 038	0. 042	0. 051	0. 105	0. 044	0. 07	0. 072	0. 061	0. 052
农业科技推广应用实力	0. 110	0. 097	0. 122	0. 116	0. 090	0. 077	0. 09	0. 087	0. 086	0. 098
农业科技实力	0. 273	0. 261	0. 264	0. 264	0. 324	0. 382	0. 32	0. 343	0. 350	0. 293

表 6-8　2005—2016 年上海农业科技实力分解评价值

	2005 年	2007 年	2009 年	2011 年	2012 年	2013 年	2014 年	2015 年	2016 年	平均
农业科技研发实力	0. 195	0. 166	0. 178	0. 138	0. 256	0. 241	0. 21	0. 237	0. 230	0. 201
农业科技支撑实力	0. 075	0. 087	0. 085	0. 143	0. 081	0. 090	0. 1	0. 092	0. 095	0. 091
农业科技示范实力	0. 148	0. 182	0. 144	0. 132	0. 187	0. 123	0. 15	0. 152	0. 141	0. 151
农业科技推广应用实力	0. 138	0. 157	0. 227	0. 196	0. 197	0. 196	0. 2	0. 196	0. 196	0. 191
农业科技实力	0. 557	0. 591	0. 634	0. 609	0. 720	0. 649	0. 66	0. 676	0. 662	0. 633

表 6-9　三大都市农业科技实力评价分解值

	北京	天津	上海
农业科技研发实力	0. 296	0. 086	0. 201
农业科技支撑实力	0. 110	0. 057	0. 091
农业科技示范实力	0. 235	0. 052	0. 151
农业科技推广应用实力	0. 258	0. 098	0. 191
农业科技实力	0. 899	0. 293	0. 633

第五节　评价结果分析

对农业科技实力进行分析评价，有助于把握农业科技活动运行，对科学的总结评估、优化过程控制及完善前期的规划指导等都具有重要作用。本书通过构建农业科技实力评价指标体系，采用熵权法测算三大都市农业科技实力。从测算结果可知，总体来看，北京的农业科技实力强于天津及上海，上海的农业科技实力强于天津，北京的农业科技实力评价值平均为 0. 899，天津及上海的农业科技实力评价值分别为 0. 293、0. 633。2005—2016 年北京的农业科技实力呈平稳并略有下降态势，上海的农业科技实力略有上升，农业科技实力由 2005 年的 0. 557 上升到 2016 年的 0. 633。三大都市中天津的农业科技实力虽然最低，但呈上升趋势，评价值由 2005 年的 0. 273 上升到 2016 年的 0. 350。

从分项指标来看，北京的农业科技研发实力、农业科技支撑实力、农业科技示范实力、农业科技推广应用实力都高于天津及上海。以农业科技示范实力为例，2005—2016 年北京的农业科技示范实力评价值平均为 0. 235，而天津及上海的农业科技示范实力评价值仅分别为 0. 052 和 0. 151。三大都市的农业科技研发实力评价值差别较大，北京的科技研发实力评价值为 0. 296，而天津及上海的评价值分别为 0. 086、0. 201。值得注意的是，在对农业科技研发实力、支撑实力、示范实力及推广应用实力测算分析可知，上海在农业科技研发实力、农业科技支撑实力及农业科技示范实力上整体上虽然弱于北京，但部分年份强于北京及天津，如 2014 年、2015 年北京的农业科技支撑实力评价值为 0. 067、0. 062，而上海的评价值为 0. 105、0. 092，高于北京。总体上看，三大都市农业科技实力还是有一定的差距，作为全国政治、经济、文化中心的北京，汇聚众多的农业科研单位及中央机构，在农业科技资源集聚、农业科技投入、农业科技研发与示范方面具有较好的条件和基础，科技资源能得到较好的利用，科技转化能力较强，在农业科技示范及推广方面具有较大的优势。相比北京，作为直辖市的上海及天津，农业科技研发实力不够强劲，农业科技成果、农业科技对经济贡献作用不突出，较低的经济效益又导致各部门对农业科技创新投入的热情不高，从而科技投入的严重不足直接影响了农业科技对经济增长的贡献，造成农业科技推广示范实力及推广应用实力不强。

第七章　三大都市农业科技进步贡献率的测算及分析

自美国经济学家罗伯特·索洛（R·Solow）提出用“余值法”测算技术进步作用以来，衡量科技进步对经济增长的贡献就成为经济学中一个十分活跃的研究领域。随着农业经济的持续增长，农业科技进步对农业产出增长的贡献日益突出，我国从20世纪80年代开始，也掀起计算技术进步贡献率的热潮。农业科技进步贡献率是衡量技术进步对农业产出增长贡献的定量指标，它的测算已成为学术界与政府关注的重要研究课题。

北京、上海和天津是我国三大直辖市，经济发达。三大都市以农业科技为支撑，大力发展都市型现代农业，高新技术不断推进农业生产变革，伴随着现代农业科技的发展、创新和突破，北京、上海和天津的农业经济得到了飞速增长。以上海市为例，上海农业总产值由1978年的18.26亿元（人民币，下同）增长到2016年的285.09亿元，38年间增长了近15倍。随着工业化和城市化进程的加快，三大都市的土地和劳动力价格不断上升，农用土地资源不断减少、农业劳动力资源供给不足等问题日益凸现，为了保持农业生产的稳定增长，北京、上海及天津市政府不断加大农业科技的投入力度，农业科技创新在农业经济增长中发挥了举足轻重的作用。

随着城市化进程的进一步加快，三大都市的土地资源、农业劳动力等投入要素资源变得更加稀缺，农业的发展无疑将越来越依赖于技术进步。因此，全面客观地测定、评价农业科技进步在农业增长中的贡献份额，有助于从总体上把握一个地区农业科技发展水平及与先进地区的差距，找出农业发展的主要制约因素及农业科技进步的难点，进而为政府制定农业发展战略和发展政策提供可行的科学依据。鉴于此，本章通过测算北京、上海及天津三大都市农业技术进步对农业产出增长的贡献，分析农业科技进步贡献率的变动趋势及原因，该研究结论对于找出三大都市农业科技进步贡献率存在的差距，制定大都市农业科技发展政策、促进农业经济发展具有重要意义。

第一节 测算方法、建模与数据预处理

一、测算方法选择

一般来说，农业科技进步贡献率计算的是广义的农业科技进步对农业总产值增长率的贡献份额，即包括自然科学技术进步和政策、经营管理、服务等社会科学技术进步的贡献。本研究中的技术进步指的是广义的技术进步。国内最常用的是增长速度模型测算农业科技进步贡献率，但需预先测定物质费用、农业劳动力、耕地种植面积等投入要素的弹性系数。

目前，测定这些投入要素弹性系数最有说服力的方法是构造 Cobb-Douglas 生产函数模型。据此，朱希刚等提出了我国农业科技进步贡献率的测算方法，并对“八五”以前的农业科技进步贡献率进行了测算。1997 年 1 月 23 日，农业部科技司发出了“关于规范农业科技进步贡献率方法的通知”，将朱希刚等研究设计的“我国农业科技进步贡献率测算方法”作为农口测算农业科技进步贡献率的统一使用方法。此后，运用该方法测算各时期、各地区科技进步贡献率的文献不断涌现，为了使测算结果具有可比性，本研究沿用朱希刚等的方法测算北京、上海及天津的农业科技进步贡献率。

土地是农业生产中不可缺少的生产资料，由此构建含有农业总产出（Y）、资本投入量（K）、劳动力投入量（L）、耕地投入量（M）的 Cobb-Douglas 生产函数：

$$Y = cK^{\alpha}L^{\beta}M^{\gamma}e^{\delta t} \tag{7-1}$$

式（7-1）中，c 为常数，δ 为科技进步率，t 为时间变量。α、β 和 γ 分别为资本投入、劳动投入和耕地投入的产出弹性。假定规模报酬不变，即 $\alpha+\beta+\gamma=1$。

对式（7-1）两边取对数，并对 t 求导得：

$$\frac{1}{Y}\frac{dY}{dt} = \alpha\frac{1}{K}\frac{dK}{dt} + \beta\frac{1}{L}\frac{dL}{dt} + \gamma\frac{1}{M}\frac{dM}{dt} + \delta \tag{7-2}$$

当以年份数据计算时，可把 dY、dK、dL、dM 分别改写为 $\triangle Y$、$\triangle K$、$\triangle L$、$\triangle M$，得到：

$$\delta = \frac{\Delta Y}{Y} - (\alpha\frac{\Delta K}{K} + \beta\frac{\Delta L}{L} + \gamma\frac{\Delta M}{M}) \tag{7-3}$$

其中，$\triangle Y$、$\triangle K$、$\triangle L$、$\triangle M$ 分别为农业总产出、物质费用、劳动力及耕地面积的年增量，$\frac{\Delta Y}{Y}$、$\frac{\Delta K}{K}$、$\frac{\Delta L}{L}$、$\frac{\Delta M}{M}$ 分别为农业总产出、物质费用、劳动力及耕地面积的年增长率。

农业科技进步贡献率（η）表示技术进步率在产出增长率中所占的比重，可表示为：

$$\eta = \delta / \frac{\Delta Y}{Y} \times 100\% = 1 - (\alpha\frac{\Delta K}{K} / \frac{\Delta Y}{Y} + \beta\frac{\Delta L}{L} / \frac{\Delta Y}{Y} + \gamma\frac{\Delta M}{M} / \frac{\Delta Y}{Y}) \tag{7-4}$$

二、数据及处理

1. 弹性系数的确定

根据朱希刚等已做的工作，在测算北京、上海及天津农业科技进步贡献率时，假定三大都市的耕地产出弹性系数同全国，均为 0.25，所计算城市的物质费用弹性系数按照以下公式调整：

$$\alpha_i = \alpha \ln\left[e—1 + (\frac{1}{n}\sum_{t=1}^{n}\frac{K_t}{L_t}/\frac{1}{n}\sum_{t=1}^{n}\frac{K_{it}}{L_{it}})\right] \tag{7-5}$$

式（7-5）中，α_i 表示农业物质费用弹性系数，α 为全国农业物质费用弹性系数（取 0.55），K_t、L_t 分别为全国第 t 年的农业物质费用投入及劳动力数，K_{it}、L_{it} 分别为北京、上海及天津第 t 年的农业物质费用投入及劳动力数，n 为测算时间段的年数。当 $\alpha_i < 0.4$ 时，$\alpha_i = 0.4$；当 $0.4 \leqslant \alpha_i \leqslant 0.65$ 时，$\alpha_i = \alpha$；当 $\alpha_i > 0.65$ 时，$\alpha_i = 0.65$；$\beta_i = 0.75 - \alpha_i$。由以上可得：当 $\sum_{t=1}^{n}\frac{K_t}{L_t}/\sum_{t=1}^{n}\frac{K_{it}}{L_{it}} < 0.351$ 时，$\alpha_i = 0.4$；当 $\sum_{t=1}^{n}\frac{K_t}{L_t}/\sum_{t=1}^{n}\frac{K_{it}}{L_{it}} > 1.542$ 时，$\alpha_i = 0.65$。通过将每一年份的全国及上海、北京、天津的农业物质费用投入及劳动力数代入公式计算，均有 $\sum_{t=1}^{n}\frac{K_t}{L_t}/\sum_{t=1}^{n}\frac{K_{it}}{L_{it}} < 0.2$，实际上均小于 0.351，于是有：$\sum_{t=1}^{n}\frac{K_t}{L_t}/\sum_{t=1}^{n}\frac{K_{it}}{L_{it}} < \sum_{t=1}^{n}(0.2 \times \frac{K_{it}}{L_{it}}/\sum_{t=1}^{n}\frac{K_{it}}{L_{it}}) = 0.2$，即年数 n 的取值不影响这一结论的成立，因此取农业物质费用投入的产出系数为 $\alpha_i = 0.4$，这样农业劳动力的产出系数为 $\beta_i = 0.75 - \alpha_i = 0.35$。

2. 投入产出变量的确定

本研究采用的产出变量为农业总产值变量，用农林牧渔业总产值表示，剔除物价因素的影响，以 1990 年为不变价计算。

物质费用投入包括生产过程中实际消耗的化肥、电、机械、种子、农药等生产资料费用，农机具、设备、仓库、畜圈等的固定资产折旧以及劳务费用（如设备维修费用、产品运输费用等），可从统计年鉴中直接获得，物质费用的测算是各年物质费用占农业总产值的比重与当年农业总产值（以 1990 年为不变价）折算后的乘积求得。

土地投入采用耕地面积指标表示，劳动力投入选择农林牧渔业从业人员数表示。

由于统计年鉴上农业投入、产出数据统计量给出的是当年年末数，为了消除直接用年末数计算造成农业科技进步率高估的倾向，在计算时取农业总产值、物质费用投入、土地投入及农林牧渔业从业人员前后三年的平均值进行平滑，以 1990 年为例，应取 1989 年、1990 年、1991 年三个年份的平均值。

3. 投入产出增长率的确定

由于农业生产中不可控因素较多，特别是受自然因素的影响较大，若在所考虑计算期的期初和期末，一个是丰年，另一个是歉年，或者顺序相反，则会低估或高估实际应有的农业增长水平，同时农业科技进步率和贡献率的估计值也会发生相应波动。在运用余值法测算时，不仅在产出方面，而且在计算农业的投入上，若出现期末或期初年份农业投入的异常变化时，也会使投入变量的增长率偏高或者偏低，进而影响农业科技进步率和贡献率的高低。

为了尽可能排除干扰因素造成的波动，得到较理想的测算结果，通常对投入与产出统计量在年度之间进行预处理。比较简单的办法是采用算术平均法，即用若干年的平均值来代表中间年份的数值，以此预处理农业投入产出变量，而后再计算农业投入产出的增长率。但对农业投入产出统计量求算术平均必须对称，即要在计算期的期初和期末同时进行，若只处理期初或者期末，会由于期末或期初数据的异常变动，导致科技进步率和贡献率估计值波动的现象。

基于以上原因，本研究在用余值法测算三大都市 1990—2016 年的农业科技进步贡献率时，采用最小平方回归法估计农业投入产出的年均增长率，然后在此基础上，再测算农业科技进步率和贡献率。设农业某一项投入（或产出）第 t 年统计量及估计值分别为 X_t 和 X_t'，该项投入或产出年均增长率及其估计值分别为 λ 和 λ'，则有：

$$X_t' = (1+\lambda')X_{t-1}' = (1+\lambda')^2X_{t-2}' = \cdots = (1+\lambda')^tX_0' \tag{7-6}$$

两边取对数得：$\ln X_t' = \ln X_0' + t \cdot \ln(1+\lambda')$ （7-7）

令 $A' = \ln X_0'$，$B' = \ln(1+\lambda')$，代入式（7-7）得：$\ln X_t' = A' + B' \cdot t + \rho$ （7-8）

其中 A'、B' 为待定回归系数，ρ 为误差项。将所计算城市各时间段的农业总产值、农业物质费用投入、农业从业人员及耕地面积数据代入式（7-8），通过回归算出 B' 后，则可计算出农业投入（或产出）的年均增长率为

$\lambda' = e^{B'} - 1$。 （7-9）

第二节　北京、上海及天津市农业科技进步贡献率的测算

一、农业科技进步贡献率的估计

1. 产出弹性的计算

根据前文所述，三大都市农业科技进步率的计算公式为：农业科技进步贡献率=（农业总产值增长率-物质费用产出弹性×物质费用增长率-劳动力产出弹性×劳动力增长率-耕地产出弹性×耕地增长率）/ 农业总产值增长率。因此计算农业科技进步贡献率，只需计算出农业投入产出的弹性系数及年均增长率，在前文弹性系数的确定中可知，三大都市农业投入的产出弹性系数分别为 0.40（物质费用）、0.35（农业从业人员）及 0.25（土地投入）。

2. 年均增长率的计算

科技进步贡献率指标具有波动特性，适宜作为长期趋势指标，不适宜作为短期指标来使用。基于此，本研究将北京、上海及天津 1990—2009 年农业科技进步贡献率的计算划分为 1990—1994 年、1995—2005 年、2006—2009 年和 2010—2016 年四个时间段，

将各时间段处理后的投入、产出数据代入回归方程（7-9），估计出回归系数，计算出三个时间段农业总产值、农业物质费用投入、农业从业人员及耕地面积的年均增长率（表 7-1）。

表 7-1　北京、上海及天津市农业投入产出各变量的年均增长率

年份		北京		上海		天津	
		回归系数 B'	年均增长（%）	回归系数 B'	年均增长（%）	回归系数 B'	年均增长（%）
1990—1994	农业总产值	0.111	11.693	0.144	15.485	0.083	8.649
	物质费用投入	0.170	18.523	0.207	22.958	0.117	12.438
	农业从业人员	−0.046	−4.493	−0.029	−2.847	−0.018	−1.736
	耕地面积	−0.007	−0.718	−0.023	−2.268	−0.003	−0.260
1995—2005	农业总产值	0.030	3.052	0.070	7.251	0.070	7.286
	物质费用投入	0.037	3.721	0.145	15.604	0.067	6.934
	农业从业人员	−0.010	−1.005	−0.085	−8.149	0.007	0.676
	耕地面积	−0.002	−0.201	−0.024	−2.342	−0.003	−0.280
2006—2009	农业总产值	0.019	1.885	0.048	4.917	−0.003	−0.292
	物质费用投入	0.045	4.617	0.047	4.812	−0.009	−0.917
	农业从业人员	−0.009	−0.873	0.007	0.702	−0.018	−1.742
	耕地面积	−0.038	−3.757	−0.020	−1.980	−0.006	−0.564
2010—2016	农业总产值	0.022	2.2	1.639	4.150	0.001	0.1
	物质费用投入	0.054	5.5	1.578	3.845	0.028	2.8
	农业从业人员	−0.02	−2.0	−0.300	−0.259	−0.028	−2.7
	耕地面积	−0.036	−3.5	−2.949	−0.948	−0.006	−0.6

3. 农业科技进步贡献率的计算

农业科技进步贡献率表示技术进步率在产出增长率中所占的比重，因此测算农业科技进步贡献率之前，必须测算农业科技进步率。根据式（7-3），农业科技进步率 $\delta = \frac{\Delta Y}{Y} - (\alpha\frac{\Delta K}{K} + \beta\frac{\Delta L}{L} + \gamma\frac{\Delta M}{M})$（即农业科技进步率＝农业总产值增长率－物质费用产出弹性×物质费用增长率－劳动力产出弹性×劳动力增长率－耕地产出弹性×耕地增长率），将上文中的农业投入弹性系数及投入产出的年均增长率带入式（7-3）得到北京、上海及天津的农业科技进步率（表 7-2）。

表 7-2　北京、上海、天津农业科技进步率　单位：%

年份	上海	北京	天津
1990—1994	7.865	6.036	4.346
1995—2005	4.447	1.283	4.346
2006—2009	3.241	1.966	0.826
2010—2016	2.939	0.642	0.082

根据式（7-4），可计算出三大都市各个时间段的农业科技进步贡献率（表 7-3、表 7-4、表 7-5）。

表 7-3　1990—2016 年上海农业各投入指标的贡献率及科技进步贡献率　单位：%

年份	农业物质费用投入	农业从业人员	耕地面积	科技进步贡献率
1990—1994	59.305	−6.436	−3.661	50.79
1995—2005	86.081	−39.334	−8.075	61.33
2006—2009	39.147	5.000	−10.068	65.92
2010—2016	153.810	−9.071	−23.690	70.8

注：农业物质费用的贡献率 =（物质费用产出弹性×物质费用增长率）/农业总产值增长率。

表 7-4　1990—2016 年北京农业各投入指标的贡献率及科技进步贡献率　单位：%

年份	农业物质费用投入	农业从业人员	耕地面积	科技进步贡献率
1990—1994	63.364	−13.448	−1.536	51.62
1995—2005	97.990	−16.216	−49.838	68.06
2006—2009	48.759	−11.520	−1.645	64.41
2010—2016	99.775	−31.157	−39.741	71.12

表 7-5　1990—2016 年天津农业各投入指标的贡献率及科技进步贡献率　单位：%

年份	农业物质费用投入	农业从业人员	耕地面积	科技进步贡献率
1990—1994	57.524	−7.027	−0.753	50.26
1995—2005	38.066	3.247	−0.962	59.65
2006—2009	125.837	209.053	48.350	−283.24
2010—2016	93.044	−78.010	−11.548	64.68

二、测算结果分析

表 7-3、表 7-4、表 7-5 是以 1990 年为不变价测算的上海、北京及天津的农业科技进步贡献率。通过对比可知，2010—2016 年北京农业科技进步贡献率为 71.12%，高于上海及天津的农业科技进步贡献率（上海：70.8%，天津：64.68%）。从分时间段来看，上海的农业科技进步贡献率由 1990—1994 年的 50.79%上升到 2010—2016 年的 70.8%，呈持续上升态势；而北京的农业科技进步贡献率在此时间段内出现了波动，农业科技进步贡献率由 1990—1994 的 51.62%迅速上升到 1995—2005 年的 68.06%，在 2006—2009 年又下降到 64.41%。除了北京出现小幅度波动之外，天津的农业科技进步贡献率波动幅度更大，农业科技进步贡献率由 1990—1994 年的 50.26%上升到 1995—2005 年的 59.65%，而 2006—2009 年为-283.24%，出现了异常波动，这是因为农业科技进步贡献率是农业科技进步率与农业总产值增长率之比，2006—2009 年天津农业科技进步率为正值，而农业总产值增长率为负值，结果是天津市科技进步对农业增长是负作用。就整个研究而言，通过分析和判断，结合对三大都市分时间段农业科技进步贡献率的分析，得出以下几点结论。

1. 农业物质费用投入对农业总产出的贡献呈下降趋势

通过对三大都市农业物质费用投入对农业总产值增长的贡献分析可知，农业物质费用投入对农业总产值增长的贡献呈下降趋势，上海由 1990—1994 年的 59.305%下降到 2006—2009 年的 39.147 %，北京由 1990—1994 年的 63.364%下降到 2006—2009 年的 48.759 %，天津由 1990—1994 的 57.524%下降到 2006—2009 年的 38.066%（2006—2009 年的异常波动，暂不作分析），然而随着农业结构调整及农业土地的规模化经营，2010—2016 年三个直辖市物质费用虽然对农业总产值都有一定的上升，但都具有下降的趋势。表明在一定的技术水平下，当物质费用投入达到一定的阶段时，就会出现报酬递减的倾向。总体上来看，20 世纪 90 年代初期三大都市农业经济的增长主要由物质投入推动，即粗放型的经济增长。随着农业结构的调整及资源配置效率的提高，三大都市逐渐依靠科技进步促进传统农业的改造升级，由于报酬递减规律的作用，农业物质费用投入对农业总产值增长的贡献出现了下降的趋势，物质投入在经济增长中的作用出现了平稳发展且增速减缓的可喜局面。随着农业技术的不断推广应用，不利于农业增长因素带来的影响能得到有效抑制，从而延缓了报酬递减规律发生作用。因此，要延缓农业物质费用投入报酬递减的倾向，应加快促进农业增长由主要依靠自然资源和物质资源投入向主要依靠科技进步、劳动者素质提高和管理创新转变，加快促进农业资源从粗放开发利用向节约、集约、循环和永续利用转变。

2. 三大都市农业劳动生产率不断提高

通过对农业投入数据的分析可知，三大都市农业从业人员的数量均呈下降趋势，但 1990—2010 年其对农业经济增长的贡献率却呈上升趋势，上海农业从业人员对农业经济增长的贡献由 1990—1994 年的-6.436%上升到 2006—2009 年的 5%。北京的上升幅度较小，由 1990—1994 年的-13. 448%上升到 2006—2009 年的-11. 520%。同样，天津农业从业人员对农业经济增长的贡献也呈上升态势，由 1990—1994 年的-7. 027%上升到 1995—2005 年的 3. 247%。由于劳动力成本的提高及其他行业吸引大量的劳动力，使得从事农业的劳动力逐渐向其他产业流动，三大都市农业从业人员对农业经济增长的贡献率上升表明农业劳动效率得到了提高，这从三大都市每一农业从业人员创造的农业总产值的变化趋势中也能反映出来（图 7-1）。尽管如此，除了个别年份之外，农业从业人员的贡献率仍为负值，因此可通过提高农业从业人员的素质，加强农业科技成果的转化和推广，提升农业劳动生产率，从而进一步提升农业从业人员对农业经济增长的贡献。

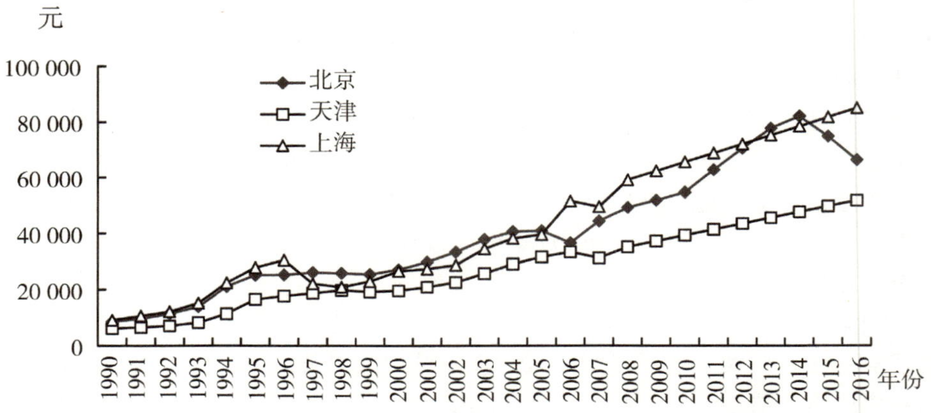

图 7-1　1990—2016 年三大都市平均每一从业人员创造农、林、牧、渔业产值

3. 耕地面积逐年减少带来的负效应日益明显

据《第二次全国土地调查成果国家级抽查核实工作方案》报道，三大都市属于耕地面积明显减少的地区。本章的统计结果也表明，随着工业化进程及城市化的推进，三大都市的耕地面积下降速度较快，上海由 1991 年的 32. 27 万公顷下降到 2014 年的 18. 96 万公顷，20 多年间耕地面积减少了 57. 11%，并且其对农业总产值增长的贡献也一直为负值，1990—1994 年耕地的贡献率为-3. 661%，下降到 2006—2009 年的-10. 068%，2010—2016 年间甚至下降到-23. 690。北京的耕地面积下降的速度更快，由 1991 年的 41. 1 万公顷下降到 2009 年的 23. 1 万公顷，近 20 年间耕地面积减少了 43. 8%，20 年间耕地面积对农业经济增长的贡献一直呈正值。相比北京和上海，天津的耕地面积下降速度较慢，由 1991 年的 43. 16 万公顷下降到 2009 年的 40. 26 万公顷，20 年间仅下降了 6. 72%，但耕地面积对农业经济增长的贡献仍为负值。因此在今后的发展中，如何保护耕地、提高耕地的利用率是政府迫切需要解决的问题。

4. 农业科技进步贡献率指标具有波动特性，适宜作长期趋势指标

就纵向比较而言，农业科技进步贡献率高比低好，但农业科技进步贡献率并不会总是年年上升，正如北京、天津测算的农业科技进步贡献率在 2006—2009 年出现的这种波动，是因为农业科技对农业经济增长的贡献具有滞后性、长期性和一定的周期性，农

业科技自身的发展（重大科学发现和技术发明）需要一个储备过程，农业科技对经济增长的贡献也有一个积累过程，因此计算出的农业科技进步贡献率指标具有波动特性。若放在更长的时间段内，随着农业科技在实践中的应用，农业科技对农业经济增长的贡献就会呈正值，且呈增长态势。

5. 不能仅依据农业科技进步贡献率评判农业科技发展水平

农业科技进步贡献率是农业科技进步率与农业总产值的年均增长率之比，是一个相对值概念。因此一般情况（资本和劳力正常增长）下，农业总产值的年均增长率高，往往农业科技进步贡献率测算值也高。如果某年份的农业总产值增长率是负值（如本章计算中天津2006—2009年农业总产值年均增长率为负值），则计算出的农业科技进步贡献率也为负值，而农业科技进步率是正值，结果是农业科技进步对农业增长是负作用，这样的计算所得很容易引起误解。所以，我们不能仅依据科技进步贡献率测算值的高低而武断地评价科技发展水平。

第三节　上海市2015—2018年农业科技进步贡献率的评估

“十三五”时期（2016—2020年）是我国实现第一个百年目标、全面建成小康社会、全面深化改革、全面依法治国、全面从严治党的关键期，上海经济、金融、贸易、航运“四个中心”和社会主义现代化国际大都市建设进入冲刺阶段，创新转型进入攻坚期。2015—2018年，随着现代农业科技的进步、创新和突破，上海农业经济得到了较快的发展，在加快转变农业发展方式、增强农产品供应保障能力、提升农业产业化水平等方面取得可喜进展。然而，随着工业化和城市化进程的加快，土地和劳动力价格不断上升，农用土地资源不断减少、农业劳动力资源供给不足等问题日益突出，为了保持农业生产的稳定增长，政府不断加大农业科技的投入力度，农业科技创新在农业经济增长中发挥了举足轻重的作用，未来上海农业的产业兴旺无疑将越来越依赖于技术进步。

为了落实《关于开展实施“十三五”规划实施情况中期评估工作的通知》的文件精神，本部分重点对2015—2018年上海农业科技贡献率进行评估，并对各个要素的贡献进行分析，对于制定上海农业科技发展政策、充分发挥农业科技在促进上海产业兴旺方面的支撑作用、促进上海乡村振兴战略的实施具有指导意义。

一、上海市农业科技进步贡献率的计算结果

将2015—2018年间处理后的投入和产出数据代入回归方程，估计出该时间段农业总产值、农业物质费用投入、农业从业人员及耕地面积的年均增长率，结合上文确定的弹性系数，计算出该时间段的年均增长率及科技进步率（表7-6）。

表 7-6　2015—2018 年上海农业投入和产出的年均增长率和科技进步率（单位：%）

		回归系数 B'	$e^{B'}$	$e^{B'}-1$ 年均增长率	科技进步率
2015—2018 年	农业总产值	0.021	1.021	0.021	0.016
	物质费用投入	0.035	1.035	0.035	
	农业从业人员	-0.009	0.991	-0.009	
	耕地面积	-0.02	0.976	-0.024	

结合上文确定的弹性系数，计算出 2015—2018 年间的农业科技进步率及贡献率。

表 7-7　2015—2018 年上海农业各投入指标的贡献率及科技进步贡献率（单位：%）

	物质费用投入	农业从业人员	耕地面积（万公顷）	农业科技进步贡献率
2015—2018 年	66.277	-14.288	-27.552	75.6

由表 7-6 和表 7-7 可见，2015—2018 年的上海农业科技进步率为 0.016，科技进步对农业总产值增长的贡献率为 75.6%，其中农业物质费用投入的贡献率为 66.277 %，由于从事农业人口的老龄化及劳动力进城务工，农业从业人员对农业总产值增长的贡献率为负，其值为-14.288%。由于耕地面积的逐渐下降，其对农业总产值增长的贡献率也为负值，其值为-27.552%，农业科技进步成为促进上海现代农业发展的重要支撑。

二、简要分析

本章利用上海 2015—2018 年间农业投入产出数据，采用余值法测算该时间段的农业科技进步贡献率，得到了较为合理的结果。上海农业科技进步贡献率呈持续增长态势，2015—2018 年间农业科技进步对农业总产值增长的贡献为 75.6%。综合以上对上海农业科技进步贡献率的分析，得出以下几点结论。

1. 农业物质费用投入仍是农业总产出的重要贡献

通过对上海的农业物质费用投入对农业总产值增长的贡献分析可知，上海农业物质费用投入对农业总产值增长仍发挥了重要作用。随着农业结构的调整及农业基础设施的不断完善，上海逐渐依靠科技进步促进传统农业的改造升级。由于农业从业人员的老龄化及耕地面积的下降，农业物质费用投入对农业总产值的贡献更加凸显。然而随着农业物质费用投入报酬递减的倾向，应加快促进农业增长由主要依靠自然资源和物质资源投入向主要依靠科技进步、劳动者素质提高和管理创新转变，加快促进农业资源从粗放开发利用向节约、集约、循环和永续利用转变。

2. 农业老龄化对上海都市现代农业发展的影响逐步显现

目前，上海市老龄化状况已经十分严重，依据《上海市老年人口和老龄事业监测统计调查制度》统计，截至 2016 年 12 月 31 日，上海全市户籍人口中 60 岁及以上老年人口占比达 31.6%，比上年增长 5.0%。上海老龄化率在国内主要城市（北上广深）中最高的，与国际上大城市相比，也处于较高水平（表 7-8）。这一现象在市郊农业生产中也普遍存在，且呈现不可逆转的趋势。青壮年劳动力大都到城市就业，大量的老龄农业劳动生产者在从事农业的劳作并面对着竞争激烈的市场，对利用科技支撑都市现代农业的发展产生不利的影响，也对上海未来的农业发展及乡村振兴产生一定的影响。另外，由于近年来来沪务工人员从事农业生产的成本不断提升，生存空间遭到挤压，加剧了务工人员的流失，更加剧了本地农业生产者老龄化现象，农业老龄化及农业从业人员的短缺对上海都市现代农业发展影响越来越大。

表 7-8　上海与国内外主要城市老龄化程度

城市	老龄化率（%）
上海（2017 年）	14.3
北京（2017 年）	10.9
广州（2017 年）	7.9
深圳（2017 年）	3.4
中国香港（2016 年）	15.9
东京（2016 年）	22.2
纽约（2016 年）	12.1
伦敦（2016 年）	11.1

资料来源：上海市统计局网站，统计分析“上海人口老龄化现状和预判”。http://www.stats-sh.gov.cn/html/fxbg/201805/1002033.html.

3. 耕地面积逐年减少带来的负效应日益明显

根据《第二次全国土地调查成果国家级抽查核实工作方案》，上海属于耕地面积明显减少的地区。本研究的统计结果也表明，上海的耕地面积下降速度较快，其对农业总产值增长的贡献也一直为负值，2015—2018 年，耕地面积对农业总产值增长的贡献为 -27.552%。因此在今后的发展中，如何保护耕地、提高耕地的利用率是政府迫切需要解决的问题。

4. 农业科技进步对农业总产值增长的贡献逐渐上升

通过前文的计算，上海农业总产值的增长主要来自农业物质费用投入、农业劳动力及农业科技进步。2015—2018 年间农业科技进步在农业总产值增长中的贡献逐渐占主导地位，科技进步贡献率为 75.6%，超出了农业物质费用投入的贡献。按照“农业科技进步贡献率大于 60%为集约型增长结构”的划分，上海农业经济增长属于集约型的增长结构，农业科技进步对农业经济发展的促进作用已经达到较高水平。

第八章 三大都市农业科技创新效率分析

农业科技创新效率是反映农业资源配置和农业科技资源利用效率的重要指标，农业科技创新效率的高低直接或间接地体现了农业科技创新体系运行的水平和质量，同时也是区域自主创新能力建设的重要内容。

北京、上海和天津是我国三大直辖市，经济发达。三大都市以农业科技为支撑，大力发展都市型现代农业，高新技术不断推进农业生产变革。伴随着现代农业科技的发展、创新和突破，北京、上海和天津的农业经济得到了飞速增长。随着工业化和城市化进程的加快，三大都市的土地和劳动力价格不断上升，农用土地资源不断减少、农业劳动力资源供给不足等问题日益凸现，为了保持农业生产的稳定增长，北京、上海及天津市政府不断加大农业科技的投入力度，农业科技创新在农业经济增长中发挥了举足轻重的作用。

北京、上海和天津以农业科技为支撑，大力发展都市型现代农业，农业经济得到了飞速增长。2016 年上海、北京、天津三大都市农村居民人均纯收入分别为 25 520. 4 元、22 309. 5 元、20 075. 6 元，分列全国农村居民人均纯收入的第一、第三、第四位，处于全国领先水平。

随着城市化进程的进一步加快，三大都市的土地资源、农业劳动力等投入要素资源变得更加稀缺，农业生产面临“天花板”和“紧箍咒”的压力越来越大，农业的发展无疑将越来越依赖于农业科技创新和进步。由于农业科技创新效率对于促进农业科技进步、农业经济增长、实现农业可持续发展等具有重要意义，众多学者对农业科技创新效率开展研究。张静、张宝文（2011）对 1990—2008 年间中国农业科技创新效率进行了测算，研究认为，我国农业科技创新效率的增长主要是由技术进步所引起的，并非得益于技术效率的改善。科技市场的发育程度、政府支持力度、农村劳动力受教育程度、农村生产力发展水平、农村经济发展水平等对农业科技创新资源的配置效率均具有显著的正向影响，这些因素是当前影响农业科技创新资源配置效率的核心要素（董明涛，2014）。付野等（2011）研究农业龙头企业的农业科技创新效率，结果发现农业龙头企业技术创新效率并不乐观，综合技术效率偏低，普遍存在企业规模小、科技人员数量少、企业科技研发投入不足和资源利用效率不高等现象。

总体来看，研究农业科技创新效率方面的成果相对较少，较为零散，还有待深入。作为引领中国经济发展桥头堡的三大都市，其农业科技创新的效率如何？目前尚未看到相关的文献。本章将以北京、上海及天津三大都市为分析对象，在三大都市农业科技创新效率测算的基础上，从理论层面剖析影响三大都市农业科技创新效率的因素，进一步通过 DEA-Tobit 回归模型验证各因素对农业科技创新效率的影响程度，最后提出提升三大都市农业科技创新效率的对策。

第一节　方法与数据

一、效率测算方法选择

测算科技创新效率的方法目前常用的是两种基本模型：一是随机前沿生产函数模型，另外一种是非参数的确定性前沿模型。随机前沿模型的优点是它把模型的误差项分为技术无效率项和统计干扰项两个部分，前者用以衡量生产单元的技术无效率，也就是实际产出与效率前沿的差距，后者用来解释统计上的测量误差和生产单元无法控制的因素所造成的差异。当然，这种方法的缺陷也是明显的，它必须事先设定一定的生产函数形式（C-D）函数或超越对数（translog）函数和行为约束，这不可避免地造成对生产率估计的较大偏误。不过，由于随机前沿模型还存在着一些难以解决的问题，比如如何设定效率分布的偏倚方向的问题（Li，1996；Carree，2002），随时间变动的无效率模型问题，还有技术效率与技术进步参数之间的模糊性问题，因此使用随机前沿估计可能会造成的偏误比较大。实证文献中一般还是非参数的确定性前沿方法使用比较广泛。鉴于此，本书使用确定性的非参数前沿方法来测算三大都市农业科技创新效率。

基于 Farrell（1957）年效率测度思想的 CCR 和 BCC 模型同属于径向（radial）（从原点出发的射线）和线性分段（piece-wise linear）形式的度量理论。这种度量思想主要是它的强可处置性（strong disposability），它确保了效率边界或无差异曲线的凸性（不会折弯），但却造成了投入要素的“拥挤”（congestion）或松弛（slacks）*。运用传统 DEA 模型（CCR、BCC 模型等）测度中国产业、总体经济及省际生产率的研究中，几乎没有人意识到这个主要缺陷，这包括一些代表性的研究，如郑京海、胡鞍钢（2005）、Mao and Koo（1997）以及颜鹏飞、王兵（2004）等。忽视要素松弛可能直接造成对效率测度的偏误，进而影响对产业及国民经济可持续性的评价与判断。鉴于此，本部分将借鉴国际上最新发展和改进的 DEA 模型测度三大都市农业科技创新效率，以避免上述影响。

传统的 DEA 模型（CCR 和 BCC 模型）是基于 Farrell（1957）效率测度思想，这种度量思想主要是它的强可处置性（strong disposability），确保了效率边界或无差异曲线的凸性（不会折弯），但却造成了投入要素的“拥挤”（congestion）或松弛（slacks）。为了解决投入和产出的松弛问题，2001 年 Kaoru Tone 提出一个基于投入松弛测度的解

---

* 在多投入和多产出的情况下，会造成投入要素过剩以及产出不足，两种情况都称为松弛（slacks）。

决模型，被称为 SBM（slacks-based measure）模型。这个 DEA 模型很好地解决了传统模型存在的缺陷。

但是在大部分 DEA 模型（包括 SBM 模型）中，普遍存在的一个问题是往往有效率（等于 1）的决策单元不止一个，即存在着一个以上的有效率单元。因此进一步区分这些有效率的生产单元成为一项必须面对的问题，即有效单元的排序问题，区分这些有效单元的一个办法是允许效率值大于 1 或等于 1，而不在限制等于 1，因此称为超效率（supper efficiency）。从超效率的研究进展来看，较成功地解决此类问题的主要是 Tone（2002）在 SBM 模型的基础上提出的 SBM 超效率模型。

因此，本研究采用 SBM 超效率模型测算三大都市农业科技创新的效率。

二、效率影响因素模型选择

本章采用 DEA-Tobit 两步法（Two-stage Method）分析影响上海农业科技创新效率的因素，该方法第一步采用 SBM 超效率评估出农业科技创新的效率值，第二步以上一步得出的效率值作为因变量，以影响农业科技创新效率的因素等作为自变量建立回归模型。由于 DEA 方法测算出的效率值为相对效率，效率指数最低界限是 0，如果直接采用最小二乘法，会使参数估计发生严重的偏误。为此，第二步采用 Tobit 模型分析影响农业科技创新效率的因素。Tobit 模型为：

$$Y_i^* = \beta_0 + X_i\beta^T + \varepsilon_i \text{，其中 } i=1, 2, \cdots, n \tag{8-1}$$

$$Y_i = \begin{cases} Y_i^*, & Y_i^* > 0 \\ 0, & Y_i^* \leqslant 0 \end{cases} \tag{8-2}$$

Y_i^* 为潜变量（Latent Dependent Variable），Y_i为上文测算的效率值，X_i为影响农业科技创新效率的因素，β 为相关系数向量，ε 为随机扰动项。

三、数据来源及说明

本章测算三大都市农业科技创新效率研究的基础数据来源于《中国科技统计年鉴》（2006—2017）、《中国农村统计年鉴》（2006—2009）和《中国农业年鉴》（2006—2017）。回归模型中应用的解释变量数据分别来源于《中国科技统计年鉴》《中国农村统计年鉴》《上海统计年鉴》《北京统计年鉴》《天津统计年鉴》《北京区域统计年鉴》《天津科技统计年鉴》。

由于 DEA 模型计算必须要满足“被评价单元数目必须不少于投入与产出指标数量之和的两倍”，以避免对效率值的高估。因此本章分析三大都市农业科技创新效率时，采用的是全国的数据进行测算，然后在具体分析三大都市的农业科技创新效率。

研究选择了投入与产出两大类指标。选取农业科技投入产出数据，投入指标包括研究与实验发展（R&D）经费支出、国有企事业单位从事农业科技活动人员、研究与实验发展（R&D）人员全时当量等指标。产出指标包括农业专利申请授权量、农业新品种申请和授权数、农业技术市场成交额（亿元）和土地生产率。如不特殊说明，产值数据均以 2005 年为不变价计算。

第二节 效率测算结果分析

本章使用 DEA-Solver pro 5.0 软件测算农业科技创新效率，采用 SBM 超效率模型（supper SBM）测算三大都市农业科技创新的效率值变动情况及排名见表 8-1、图 8-1。

表 8-1 2007—2016 年三大都市农业科技创新效率测算结果

年	2007	2008	2009	2010	2011	2012	2013	2014	2015	2016	均值
北京	1.522	1.593	1.709	3.862	3.718	2.734	4.252	3.568	3.518	3.780	2.942
天津	0.580	0.679	0.622	0.594	0.644	1.189	1.475	1.103	1.255	1.278	0.905
上海	1.824	1.319	1.282	1.223	1.101	1.045	1.090	1.079	1.071	1.080	1.226

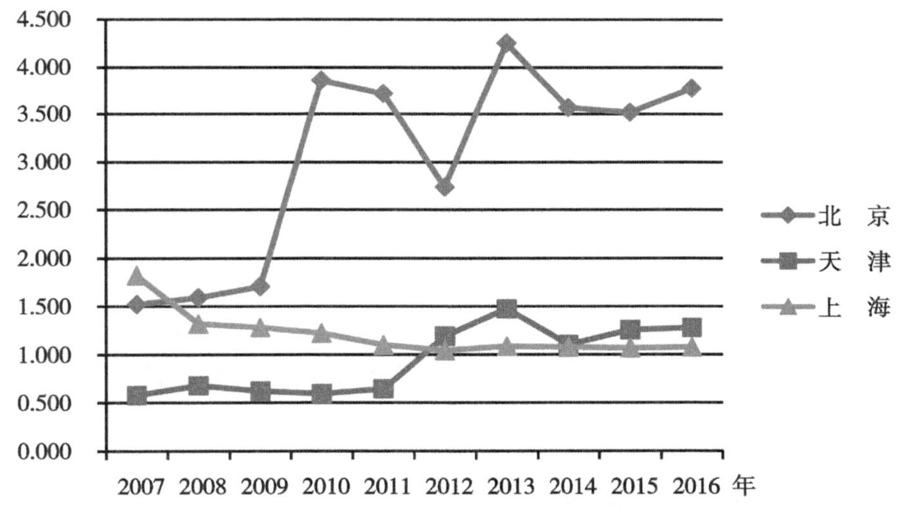

图 8-1 2007—2016 年三大都市农业科技创新效率变化情况

技术效率指某个经济体实际所处的生产曲线同技术前沿之间的距离，越接近技术前沿，说明技术效率越高。在实践中，技术效率最主要的表征为 X 效率和配置效率。前者指某个地区使用资源进行生产时，做到物尽其用的程度；后者指科技资源的分布状况。从整体来看，三大都市农业科技创新效率参差不齐，差别较大，平均技术效率水平为 1.691，表明三大都市农业科技创新资源利用及资源的配置效率处于较高的水平，并且技术效率水平差距明显，因为最佳实践的北京地区具有充分的效率水平，显然与天津的技术效率值（仅为 0.905）相差甚远。

具体来看，三大都市农业科技创新效率呈现不同的变化，且差异较为明显。北京及天津市的农业科技创新效率呈上升的态势，北京市农业科技创新效率由2007年的1.522上升到2016年的3.78，天津市的农业科技创新效率值由2007年的0.580上升到2016年的1.278，而且北京市的农业科技创新效率波动幅度较大。值得注意的是，上海市农业科技创新效率呈缓慢下降的态势，由2007年的1.824下降到2016年的1.080。

为了进一步分析三大都市农业科技创新的效率，将技术效率分解为纯技术效率与规模效率。从测算结果可知（表8-2），三大都市农业科技创新的平均纯技术效率为1.193，规模效率为1.557。具体来看，北京表现出了较高的规模效率水平，表明北京农业科技创新技术无效的主要原因是由于纯技术无效引起的，规模效率并不是制约北京技术效率的瓶颈。对于技术效率大于1的北京来说，表现出了较高的规模效率，因此其综合技术效率水平最高，成为三大都市农业科技生产前沿面的引领者。值得注意的是，上海和天津的农业科技创新均具有较高的纯技术效率，表明天津和上海的农业科技创新较低的主要原因是由规模效率低下引起的。

表8-2　2007—2016年三大都市农业科技创新纯技术效率及规模效率测算结果

年		2007	2009	2012	2013	2014	2015	2016	均值	
北京	纯技术效率	1	1	1	1	1	1	1	1	1.193
天津		1.070	1.077	1.437	1.673	1.405	1.505	1.528	1.304	
上海		1.913	1.363	1.129	1.120	1.139	1.129	1.130	1.276	
北京	规模效率	1.522	1.709	2.734	4.252	3.568	3.518	3.779	3.026	1.557
天津		0.542	0.577	0.827	0.881	0.764	0.824	0.823	0.696	
上海		0.954	0.941	0.926	0.973	0.947	0.949	0.956	0.949	

第三节　影响因素理论分析及模型

一、政府支持与农业科技创新

农业是国民经济的基础，在整个国民经济中具有特别重要的战略地位，政府历来高度重视农业，不断加大对农业的支持力度。同时，农业科技研发具有公共物品属性，具有投入大、见效慢、风险大等特点，市场主体一般不愿意对农业科技研发进行投资，这就需要政府对农业科技研发和创新进行必要的投入和支持。当前，经济发展已经进入新常态，农业也进入新的发展阶段，国内农业生产成本快速攀升，大宗农产品价格普遍高于国际市场，面临资源与环境的压力不断增大，迫切要求政府对农业科技的研发进行必要支持和引导。政府对农业科技创新的支持和引导对农业科技创新资源优化和创新能力提升产生积极作用，同时可在一定程度上有效弥补农业供给的“市场失灵”。

基于以上分析，提出研究假设 1：政府对农业科技创新的支持会对农业科技创新效率的提升产生积极影响。

二、技术市场与农业科技创新

由于技术市场的存在，促进了农业科技需求和供给有效对接，通过价格的市场形成机制使农业科技供给者获得所期望回报，促进农业科技的研发、推广和应用。农业技术市场越发达、完善，对农业科技供给者的知识产权的保护力度就越强，有助于提高农业科技供给者的积极性，推动农业科技的研发、推广与应用，迅速的将农业科技成果转移到科技需求者手中，从而极大提升农业科技创新效率。

基于以上分析，提出研究假设 2：技术市场发达程度对农业科技创新效率提升具有重要的影响。

三、科技人员人力投入与农业科技创新

农业科技人才是农业科技的载体，是农业科技进步和发展的根本。农业科技创新最终是通过农业科技人员来实现的，农业科技人员作为农业科技成果的研发者和农业科技进步的直接推动者，科技人员的人力投入情况直接影响农业科技创新能力和创新效率。

基于以上分析，提出假设 3：农业科技研发人员投入对农业科技创新效率提升具有重要影响。

四、技术引进与消化吸收与农业科技创新

作为受自然资源条件、经济发展阶段、生产制度结构、社会环境等影响较大的农业产业来说，国内外农业生产技术存在较大差异，实现外部技术内生化要求进行大量的“引进后”的消化吸收及再创新，才能实现农业技术快速升级，因此技术引进与吸收能力对技术创新效率具有决定性影响。

基于以上分析，提出假设 4：农业技术引进与消化吸收对农业科技创新效率提升产生积极影响。

五、企业技术创新与农业科技创新

2012 年召开的全国科技创新大会明确提出要“推动企业成为技术创新主体，解决科技与经济结合问题，增强企业创新能力”。随后，农业部也提出“着力提升企业在农业科技创新中的地位，引导企业积极开展农业科技创新”。2015 年中央一号文件再次强调“加强对企业开展农业科技研发的引导扶持，使企业成为技术创新和应用的主体”。如何有效整合和运用企业内外各种创新资源，对创新资源加以引进、吸收与应用，不断

提高企业的创新绩效，是其生存和发展的根本。因此农业龙头企业的技术创新对农业科技创新具有重要影响。

基于以上分析，提出假设5：企业技术创新对农业科技创新效率提升产生积极影响。

六、农业生产力发展水平

科学技术是第一生产力，农业生产力发展需要科技创新驱动，农业技术创新对提高农业生产力水平发挥了重要作用；反之，农业生产力水平的提高也会对农业技术创新效率产生重要影响，通过机械化水平、劳动生产率及土地生产率等诸多方面农业生产力的改善提升农业科技创新效率。

基于以上分析，提出假设6：农业生产力发展水平对农业科技创新效率提升产生积极作用。

第四节　实证分析

一、变量选择及说明

本章采用计量经济模型来分析政策环境、技术市场发育程度、农业生产力发展水平、农业科技人员素质、技术引进及吸收情况等因素对农业科技创新效率的影响程度和方向。

被解释变量采用前文计算的农业科技创新效率值表示，在自变量选择方面，本章拟采用R&D经费投入情况来反映政府支持情况；用技术市场年成交额来代表技术市场的发育程度；用劳动生产率及土地生产率反映农业生产力发展水平。

用企事业单位农业科技人员数反映企业的科技创新情况；R&D人员全时当量表示科技人员的人力投入情况；专利申请和授权反映农业技术引进及吸收情况，该指标反映农业自主创新人力的投入规模和强度，能够反映农业科技引进及吸收情况。

综合上述理论分析，本章归纳出农业科技创新效率主要影响因素及影响预测见表8-3。

表8-3　农业科技创新效率影响因素及影响方向预测

解释变量	反映的变量	影响预测
R&D经费投入	政府环境	+
技术市场成交额	技术市场的发育程度	+
R&D人员全时当量	科技人员人力投入情况	+

（续表）

解释变量	反映的变量	影响预测
企事业单位农业科技人员数	企业技术创新水平	+
专利及新品种申请授权	技术引进及吸收情况	+
劳动生产率、土地生产率	农业生产力发展水平	+

二、模型估计结果分析

从模型回归结果可以看出，R^2为0.851，F值也在1%的水平上通过了检验，模型的拟合效果较好（表8-4）。

表8-4　影响三大都市农业科技创新效率因素的回归结果及方向

变量	系数	标准误	t检验值	Prob.
RD经费支出	-2.435***	0.688	-3.537	0.005
RD人员全时当量	-0.920	0.817	-1.126	0.284
技术市场成交额	0.279*	0.138	2.021	0.068
农业技术人员	-0.431	0.607	-0.709	0.493
专利申请和授权	0.924*	0.427	2.166	0.053
劳动生产率	-0.329**	0.147	-2.243	0.047
土地生产率	3.839*	1.853	2.072	0.063
常数项	10.993**	3.912	2.811	0.017
R^2		0.851		
F统计量		6.967		
Prob（F-statistic）		0.002***		

注：*、**、***分别表示统计检验达到了10%、5%、1%的显著性水平。

假设2得到了验证，表征技术市场发育程度变量的全国技术市场年成交额通过了显著性检验，且影响方向与影响预测相一致，表明技术市场发育程度对农业科技创新效率的提升具有显著正向影响。

假设5得到了验证，专利申请和授权变量通过了显著性检验，且影响方向与预期向一致，表明技术引进与吸收的越好，农业技术创新效率提升的就越快。由于农业技术的公共产品特性，使其创新的私人收益会小于社会收益，导致农业企业研发投入少，研发队伍单薄。农业技术研发投资增加虽然会增加农业企业产品成本，但同时提高了其产品质量，提高了自身的竞争力。

假设6也得到了验证，土地生产率水平变量通过了显著性检验，且影响方向与预期相一致，表明科学技术不仅是第一生产力，而且随着农业生产力的提高还会促进农业科技创新效率的提高。随着农业生产率水平的提高，农业生产力发展水平逐步提高，同时也促进了农业科技创新效率的提升。

假设1中，反映政府环境的RD经费投入对农业科技创新效率的影响假设未得到验证，虽然RD经费投入变量通过了显著性检验，但其符号为负，与假设不符，这可能是机构、人员与资金之间不能有效协调所致，与影响预测不一致。

另外，假设3也未得到模型验证，农业技术人员变量未通过显著性检验。表明在以都市为特色的现代农业，农业的比较效益低下，农业科技人员数量占农业人口的比例、科研队伍中直接从事科研工作的人员比例以及从事科研工作人员的基本学历构成明显低于国际平均水平。受到福利待遇、发展前景等因素的影响，农业专业技术人员波动比较大。以上海市为例，2016年，上海市国有企事业单位农业科技人员为3 900人，仅占整个上海国有企事业单位专业技术人才总数的0.40%，人数仍较少，人才频繁流失现象较突出，这不利于农业科技创新效率的提高。

假设5也未得到模型验证，RD人员全时当量变量未通过显著性检验。目前虽然企业在农业科技创新中的作用日益突出，但科技创新能力还有待进一步提高，科技资源和人才储备不足，农业新技术、新产品研发能力不强，难以承担科技创新主体的责任，企业要成为农业科技创新主体，还有很长的路要走。因此目前这阶段企业技术创新并未对农业科技创新效率产生实质影响。

第五节　三大都市农业科技创新效率的趋势判断和成因分析

一、趋势判断

三大都市农业科技创新效率呈现不同的变化，且差异较为明显。北京及天津市的农业科技创新效率呈上升的态势，北京市农业科技创新效率由2007年的1.522上升到2016年的3.780，天津市的农业科技创新效率值由2007年的0.580上升到2016年的1.278，而且北京市的农业科技创新效率波动幅度较大。

值得注意的是，上海市农业科技创新效率值由2007年的1.824下降到2016年的1.080，呈缓慢下降的态势。未来几年趋势判断，上海农业科技创新效率将在较低的水平上趋于稳定。

二、上海农业科技创新效率下降的成因分析

1. 农业科技人才队伍结构不合理

农业科技创新人才资源不稳定，人才流失严重，队伍结构不合理现状突出。专业技

术人员主要分布于传统农业产业领域，在农产品安全、农业装备、农业信息化、农业规划等新兴农业科学领域中的人才比较缺乏。从镇村两级农技推广队伍来看，镇、村二级农技推广人员文化程度以初、高中学历为主，大专以上学历人数仅占实有从事农技推广工作人员总数的20.4%，管理类岗位大约占34.6%，有些甚至超过50%，50周岁以上的推广人员占总人数的66.2%，中高级专业技术人员比例过低。

2. 科技创新与成果转化能力不足

农业科技创新成果单学科、单专业成果多，重大跨学科和影响全局的大成果少。优质、特色、专用品种选育技术与国际先进水平相对落后，有重大影响的农业科技成果不多，对全国农业科技的辐射示范作用有限。

3. 农业科技创新体制机制有待进一步完善

科技创新和推广主体间的横向联系和协调不够，导致研究力量分散，科研设施重复建设等农业科技创新资源浪费现象。基础性研究、应用研究和产业化研究之间总体上缺乏足够的连续性。人员聘用、考核评价、分配激励等配套制度还不够完善，各主体责任意识不强，亟待进一步规范。

4. 产学研相结合的科技体系有待进一步加强

农业科技产、学、研集聚不足，农业科技成果与生产实际需求还存在脱节现象，许多成果被束之高阁。大多数农业企业规模小、实力较弱，对科技进步的投入短期内很难见效，缺乏内在动力，企业作为技术创新主体任重而道远。农业科技进步贡献率、农业实用技术成果转化率与发达国家70%~80%的水平还有较大差距。

第六节　提升科技创新实力及效率的对策

本章在对比分析传统DEA模型、SBM模型及超效率SBM模型的基础上，采用SBM超效率模型测算了2007—2016年三大都市农业科技创新的技术效率。测算结果表明，三大都市中天津及上海农业科技创新效率处于较低的水平上，引起天津及上海技术无效的原因主要是规模效率无效，表明没有达到最优规模水平。对具体的城市而言，北京的农业科技创新效率的水平最高，其值为2.942，排序在第一位，上海的农业科技创新效率水平为1.226，北京、上海农业科技创新的技术效率值均大于1，表明引领着三大都市农业科技创新的生产前沿面。天津的农业科技创新效率水平小于1，这些表明其在农业科技资源的利用程度及配置上需要改进。

整体上看，三大都市农业科技创新的效率水平仍有很大的上升空间，可以从以下几个方面提升三大都市农业科技创新的水平：①通过先进技术的推广，增强技术应用的有效性，依靠科技进步，努力提高农产品的科技含量，从而有助于提高整个行业的科技水平。②应不断加大农业科技创新和投入，尤其是注重农业科技人员和农业现代技术设备的投入，增强对农业发展的科技支撑力。原因在于除了北京之外，上海和天津农业科技创新效率水平还存在着较大的提升空间。③有效配置农业科技资源，使资源充分发挥最佳利用效率。上海及天津农业科技的资源利用效率及配置效率低下是目前影响两个地区效率提升的重要因素。如何提高资源的利用效率，更有效的配置资源是目前三大都市要关注的问题。

同时本章还对三大都市农业科技创新效率影响因素进行理论分析，提出了6个假说，通过DEA-Tobit模型对假说进行了验证，结果显示，技术市场发育程度、农业技术引进与吸收能力及农业生产力发展水平等变量通过了假说验证，对农业科技创新效率的影响为正，而反映政府环境的RD经费投入、农业技术人员变量对农业科技创新效率的影响假设未得到验证。基于此模型回归结果，从农业科技投入、技术市场的培育、农业企业的培育、农业技术的引进吸收及农业科技人才的培育等角度提出促进三大都市农业科技创新效率的对策。

一、加大农业科技的支持力度

北京、天津及上海三大都市的农业类型是典型的都市型现代农业，地处城市边缘，土地资源紧缺，劳动力成本不断提高，农产品生产成本面临不断上升的压力，依靠大量低成本劳动力支撑现代化发展的空间逐渐减少。为此，需要加大对农业科技的投入力度，提高劳动生产率、土地产出率和资源利用率，加快都市农业科技创新步伐，努力实现农业生产的全程机械化，降低农产品成本上升带来的压力。此外，要不断优化农业科技投入结构，加大对特色产业的科技投入力度，并不断优化政策环境吸引非公共投入，力争对都市现代农业提供更多的技术支持。支持和促进高校、科研院所和农业龙头企业与农民合作组织加强技术合作，不断提高农业经营主体获取和利用技术的能力和水平。继续加大力度建立农产品标准化生产基地和优质产品生产基地，提高农业科技的推广应用水平，促进农业科技创新效率的提升。

二、加大农业技术市场的培育力度

回归结果显示技术市场的培育程度对三大都市农业科技创新效率产生了积极的正影响，因此需加大对农业技术的培育力度，对现有的农业技术市场加以培育与完善必须发挥市场机制的作用。一是拓展市场内容。除了农业技术产品市场之外，还要负责农业技术开发和服务、信息咨询、农业技术人才及技术培训等多种形式的农业技术市场。二是健全农业技术市场的交易机制和价格机制，使交易双方的利益都得到有效保障，降低或分散交易过程中的风险。三是构建通畅的技术信息交流平台，结合计算机及信息网络平台，提供网上信息检索及咨询服务，并通过多种形式对市场信息进行加工、整理，筛选出有价值的信息，发挥市场的双向交流和反馈功能。四是改革现有体制机制，技术市场突出公益性职能，重点强调农业科技成果转化率，鼓励农技人员通过技术承包、技术入股等形式参与农业生产，充分发挥农业技术推广和中介部门的作用。

三、加快农业创新型企业的培育力度

全国科技创新大会明确指出，深化科技体制改革的中心任务，是解决科技与经济结合问题，推动企业成为技术创新主体，增强企业创新能力。因此，应加快农业企业的培育力度，使企业成为农业科技创新的主体。首先，支持企业参与现代农业产业技术体系及其地方创新团队、农业科技基础条件支撑体系和区域农业科技协作体系建设。其次，加快培育和发展现代生物农业产业、农业信息技术产业等战略性新兴产业，积极推动骨干企业与优势农业科研院所、高等院校建立实质性产学研协同创新联合体。再次，加大对中小微型企业开展农业科技创新的支持和培育力度，提升企业自主创新能力和产品竞争能力。最后，各级各类农业科研院所和高等院校要注重围绕企业和农产品生产消费需求，加快农业科技知识传播、农业技术转移和科技人才交流，开放共享农业科技资源，建立科企、校企合作技术研发公共平台。

四、促进农业技术引进的同时重视农业技术的吸收

农业企业作为农业科技创新的主体，应多方面加大对农业技术的支持力度，促进企业对农业技术的吸收。第一，加大农业技术研发资金投入，通过多种途径刺激农业企业技术研发，通过政府政策扶持、市场引导和利益驱动，鼓励农业企业进行农业技术创新。第二，政府要加大企业农业技术创新的扶持力度。从有选择的重点支持和全方位的推动两个方面来刺激，采取拨款和贷款贴息为主、税收减免为辅的支持政策体系。第三，建立并完善农业技术风险投资机制。对农业企业技术研发的风险投资给予信贷和税收优惠，为农业企业技术研发提供保障。

五、加大对农业科技人才的培育力度

北京、上海及天津都市现代农业地处城市边缘，农业人才、劳动力、资金等农业生产要素流向城市和其他地区、农业从业人员整体素质还不够高是个不争的事实，使得农业科技和装备优势难以发挥。因此应充分发挥政府主导作用，大力实施人才强农战略，以培养农业农村发展急需紧缺人才为重点，以人力资源能力建设为核心，加大工作力度，不断开创农业农村人才队伍建设新局面。突出抓好以领军人才和创新团队为重点的农业科研人才队伍建设，切实加强以骨干农技人员为重点的农技推广人才队伍建设，全力推进以农村实用人才带头人和新型职业农民为重点的农村实用人才队伍建设。进一步完善农业科技人才工作运行机制，创新人才评价体系，完善配套政策措施，加大人才工作宣传力度，提升农业科技人才的创新能力和水平。

第九章　国外都市农业科技创新趋势

近年来，三大都市始终强调“丝毫不能因大市场、大流通而忽视地产农产品供给，丝毫不能因农业比重小而轻视农业，丝毫不能因农业比较效益低而放弃农业”。三大都市作为大型城市，决定了农业发展不能限于传统模式，必须符合城市特点和需要的发展模式，走出一条现代化农业发展之路—都市现代农业，必须依靠科技引领都市现代农业的发展。为了更有效的推动三大都市农业科技进步与创新，本章将以国外现代农业科技为分析对象，重点从装备农业、种源农业、数字农业及农业生物技术产业等分析国外发达国家现代农业的发展现状及趋势，以期为三大都市农业科技创新提供借鉴参考。

第一节　装备农业

一、现状

美国、日本和欧洲是农业机械化发展水平较高的几个国家，其设施设备标准化、种苗技术及规范化栽培技术、植物保护及采后加工商品化技术、新型覆盖材料开发与应用技术、设施环境综合调控及农业机械化技术水平等都具有较高的水平，居世界领先地位。在工厂化农业里，通过各种自动化系统集成，各个工序中能用机械的都用了机械，装备农业发展融合了机械技术、农业信息化技术，在工厂化农业、设施农业产业上得到充分运用。荷兰、日本、以色列等国的设施设备标准化程度、种苗技术及规范化栽培技术、植物保护及采后加工商品化技术、新型覆盖材料开发与应用技术、设施综合环境调控及农业机械化技术等达到较高的水平，居世界领先地位。

美国致力于在谷物播种机、喷雾机、联合收割机等农业机械与装备上采用卫星全球定位系统来进行监控作业等高新生产技术，并向着农业机械与装备的精准化方向发展。美国80%的大农场已经普及了农业物联网技术，农场主通过高度自动化的大型农业机械设施，3个人可以完成1万英亩（1英亩≈4 046.86平方米）土地的管理和玉米收割，效率超越人力。农民可以通过GPS和无线局域网来实现并优化对机器的控制，大幅度提高了管理的精确性。在M2M（Machine-to-Machine）技术的帮助下，农民可以掌握实时的土壤质量、土壤湿度，牲畜的情况。此外，传感器也可以帮助农民实现智能农场管理，例如，利用传感器确认土壤湿度之后再浇水，不仅能够适时为作物补充水分，而且能有效节省水资源；通过传感器来监控或者调控温室内的温度和日照，也能够节省水资源和能源。农民朋友们通过智能手机就可以调节温室的遮阳和通风，这样一来，他们的工作时间就大大减少，晚上和周末有充分的休息时间。

日本耕地稀缺、人口密度很高，因此日本政府对农业科技、生物技术，以及发展高科技农业、生态农业、有机农业等十分重视。东芝、富士通、松下、夏普等日本科技巨头都在积极参加植物工厂的建设。日本的日光温室非常发达，蔬菜、花卉、真菌等均广泛采用温室栽培技术，日本建成全球规模最大的 LED 蔬菜工厂，该工厂每天可产出 1 万颗生菜，为县内各超市供应蔬菜。植物工厂不仅种植叶用蔬菜，还进行植物工厂的酒用葡萄栽培，葡萄采用“甲州”等盆栽品种，东京农工大学准备了早春、春、夏、秋、晚秋、冬 6 种环境的植物工厂，调节每个植物工厂的二氧化碳浓度和光照，使葡萄在各个植物工厂之间转换，加快了葡萄生长速度，达到一年采收 2 次的效果。

日本植物工厂走向商业化正向全球推广，截至 2016 年年底，日本拥有 254 家植物工厂，从数量、面积、产量等维度来看，均为全球第一。植物工厂的种子、生长环境及整个生产过程是可控的，生产的蔬菜可以达到无农药、无重金属、低硝酸盐、低生物菌，植物工厂生产的蔬菜是可以直接食用的。同时，这种蔬菜市场潜力巨大。日本 70%的人知道或者买过植物工厂的菜。在日本，植物工厂可以建在任何地区任何建筑中，因为它既不需要太阳能也不需要自然土壤；植物工厂的生产不依赖于外界环境和土壤肥力。目前，植物工厂已经成为全球，尤其是经济发达地区解决人口资源环境及食物数量与质量安全等突出问题、发展现代农业的重要途径。它被认为是继陆地栽培、设施园艺、水耕栽培等依序发展之后的又一新技术，也被称为“第四农业”，业内人士称为是农业技术的一次革命。在不久的未来，植物工厂将在大都市健康安全叶菜的地产地销中扮演很重要的角色。

西欧国家农业生产的各项生产环节均已全面实现了机械化，甚至一些农业机械与装备还安装了 GPS 系统来进行更为精确的农业作业。实现农机与农艺的完美结合，通过生物工程技术来控制作物的结构和形状，利用工业自动化等技术，省工、高效。如德国农民采用收割机采收葡萄、草莓、卷心菜等，提高机械化程度。如荷兰智能温室已经进入第四代了，代表世界最先进水平。有的温室高度达 12 米，分为上下两层，结构合理，配套齐全。一般第一层为生产操作区，第二层主要摆放一些需要高光照的植物或者用来展示客户预定的产品，方便客户了解产品品质。温室的设施无论是遮阴系统、加温系统、补光系统、施肥系统、内循环系统、种植设备、传送设备、分级系统以及包装系统等均是自动化，通过计算机自动控制，为温室整体利用率和作物生长提供良好的手段，以至于两个生产员工就可以管理 10 万平方米的温室作物，效率非常高。荷兰温室内常用的自动化系统一般包括种苗自动分级系统、自动栽苗机系统、成品自动分级系统。

农业机器人也在发达国家得到充分运用，日本开发出能行走的耕耘施肥机器人以及柑橘、葡萄收获机器人等，加快推进农机“机器人化”。大阪市的洋马公司正在研发可远程无线操作的小型挖掘机，久保田公司将于 2018 财年发售能根据电脑程序自动完成农业作业的拖拉机。这种拖拉机能利用卫星定位系统获取位置信息从而自动驾驶。该公司还在探讨研发自动化插秧机和收割机。井关农机公司正与石川县政府联合研发新型"智能插秧机"。该插秧机能通过安装在车轮上的传感器瞬时检测田地内土壤深度及肥沃程度，从而在插秧的同时播撒适量的肥料。这是为了防止过量施肥影响作物品质。目前正考虑新涉足农业领域的企业希望利用大规模农地开展无须大量劳动力的高效作业。因此，在日本高智能农业机械今后或将备受关注。

在美国，农业机器人也得到广泛的应用。来自明尼苏达州的AstronautA4挤奶机，不仅可以代替农场主喂牛，还会使用无线电或红外线来扫描牛的项圈，辨识牛的身份，在挤奶时对牛的几项数据进行跟踪：牛的重量和产奶量，以及挤奶所需的时间、需要喂多少饲料，甚至牛反刍需要多长时间。机器也会从牛产的奶中收集数据。每一个乳头里挤出的奶都需要查验颜色、脂肪和蛋白质含量、温度、传导率（用于判断是否存在感染的指标），以及体细胞读数。每头牛身上收集到的数据汇总后得出一份报告；一旦A4检测到问题，奶农的手机会得到通知。美国开发出能辨别秧苗质量并进行分拣的移苗作业机器人。无线传感器网络技术、现代通信技术、智能控制技术、计算机视觉技术、空间技术等高科技被引入设施农业，使设施环境监控系统朝着自动化、智能化和网络化方向发展。在英国，大部分农场已告别了手工挤奶，自动挤奶设备普及率达90%以上。机器人的作用不仅仅是挤奶，还要在挤奶过程中对奶质进行检测，检测内容包括蛋白质、脂肪、含糖量、温度、颜色、电解质等，对不符合质量要求的牛奶，自动传输到废奶存储器；对合格的牛奶，机器人也要把每次最初挤出的一小部分奶弃掉，以确保品质和卫生。

目前，英国大多数养牛和养猪、养鱼场都实现了从饲料配制、分发、饲喂到粪便清理、圈舍等不同程度的智能化、自动化管理。英国的调查显示，GPS转向系统已经获得广泛使用并荣登农耕技术榜单首位。机器人挤奶机以及智能手机并列第二位。GPS转向系统轻松实现田间直线驾驶，广泛应用于小型和大型农场，彻底避免了重复播种，在大大节省支出的同时提高了生产效率。跟其他行业一样，农民们也依靠智能手机和应用程序来优化联合收割机的设置、检查土壤深度、注册牲畜信息，甚至找出处于发情期的母牛，该系统能够监测到每小时内母牛身体活动水平，而这些数据将被用于提高受孕率。

二、趋势

农业机械装备技术将融合现代微电子技术、仪器与控制技术和信息技术向智能化、机电一体化方向发展。

1. 向智能化方向发展

信息技术、计算机机器视觉技术、生物技术、微电脑与空间技术、机电一体化、农业机器人等，特别是农业生产专家系统与基因工程的应用，使农产品生产更接近人们预期的品质。智能化农业机械装备技术，将进一步推进农业生产的高度现代化。

2. 向多功能联合型机械发展

保护农业生态的低污染（低排放、低噪声、低振动）动力与农业机械，少污染高效低毒农药施药技术与装备，农业保护性耕作（含少耕、免耕）机械，秸秆综合利用装备，有机肥、缓释肥等施肥机械及果园与蔬菜生产所需的收获机械均将有较快发展。

3. 向通用性农业机械发展

国外农业机械发展趋势向智能化方向发展，向多功能联合型机械发展，向大型化机械发展，向通用性农业机械发展，向扩大适用范围的方向发展，向精量化农业机械发展。增加农业机械的使用方向，避免机械的单一性，实现一机多用。

4. 向扩大适用范围的方向发展

高度重视农业机械的产品质量与标准化、通用化、系列化，提高企业产品的市场竞争力。各国农机企业非常重视产品“三化”工作，如约翰·迪尔、菲证特、纽荷兰、凯斯等大型跨国公司的拖拉机、联合收割机，皆有大中小型系列产品，以适应不同地区、不同作物、不同购买力和使用水平的用户要求。

5. 向精量化农业机械发展

节能型动力与机械，节水灌溉（喷、滴、微灌）设备，精量播种、施肥、施药机械，复式联合作业机。农业机械上采用机械、微电脑、液压（气动）为一体的高新技术，以提高操作的方便性。

第二节　种源农业

一、水稻

美国、日本在水稻育种方面处于领先地位，而我国在杂交育种方面当今处于领先地位。随着生物技术的迅速发展，各国的育种学家越来越广泛地采用基因工程等现代生物技术用于水稻育种的研究当中，试图将一些控制优良性状的外源基因导入水稻，从而培育出高产、优质、抗性强的水稻新品种。应用转基因技术可将水稻中所不具有外源基因导入水稻，弥补某些遗传资源的不足，丰富基因库，有力地促进了水稻育种的发展。2013 年 8 月，日本通过基因技术成功培育出耐旱水稻，这是一种新型深根稻，与传统水稻相比，新品种的根茎探入土壤更深，即便在干旱环境中，也能保证产量。不少研究人员认定，这一新品种是农业研究领域最新突破，尤其在全球人口不断增加的背景下，具备特殊意义。国立农业生物科学研究所的研究人员在这种菲律宾水稻中提取名为“DR01”的深根基因，并把基因植入亚洲广泛种植的水稻品种 IR64 中，培育出新品种。如果没有基因改良技术，将难以准确定位并植入深根基因。

在节水抗旱稻的育种方面，上海具有领先优势，上海育成了世界首例旱稻不育系“沪旱 1A”，实现了杂交节水抗旱稻“三系”配套，沪优 2 号等节水抗旱稻已大面积推广，在非洲及亚洲贫水国家示范推广。目前，节水抗旱稻已经形成省级以上新品种审定的有“旱优 73”“沪旱 15 号”“沪旱 3 号”“沪优 2 号”“旱优 8 号”和“沪旱 61”等全系列品种。在灌溉条件下，其产量、米质与水稻持平，但可节水 50% 以上；在“望天田”具有较好的抵抗干旱能力；栽培上，简单易行，投入低，节能低碳环保。这些被称为“像种麦子一样种稻子”的稻谷新品种，年种植面积已超过百万亩，并具有良好的经济和生态效益。

二、生物农药

由于生物农药的技术特征和发展方向与人类未来的生产生活方式、食品安全、营养健康、生态平衡、生物多样性保护都具有良好的相融性，加上以现代发酵工程为基础的微生物工业化生产技术体系日益完善，生物农药的研究开发逐渐增多。进入 21 世纪，在全球企业兼并大潮和市场重新洗牌的推动下，生物农药产业也开始进入一个新的优化整合时期。欧美日等发达国家十分重视生物农药的发展。日本已经将有效霉素、春日霉素、多氧霉素、灭瘟素、四抗菌素、双丙氨膦、灭粉霉素等几十个农用抗生素进行产业化生产。美国投入使用的农用抗生素有 Avermectin、Gibberllin 等多个品种，畜用抗生素有 Monensin、Avermectin、Tylosin、Oleandomydin 等几十个品种。细菌杀虫剂苏云金杆菌，美、俄、法、日、比利时、保加利亚、朝鲜等国和瑞士山道士公司均有生产，这种杀虫剂应用最广，不但能杀灭上百种有害昆虫，而且对人、畜十分安全。微生物除草剂方面也有了突破进展，俄罗斯、美国、澳大利亚、加拿大、日本等国家做了大量研究开发工作，CGA、CGJ 复合菌除防大豆田和稻田的杂草达 90%~100%，效果较好。真菌杀虫剂有白僵菌和汤姆逊多毛杆菌等已广泛应用。微生物农药方面，目前，国外市场现有农药已有 30%~40%为微生物农药所取代，而且发展速度很快。

第三节　数字农业

目前，国外发达国家已经由高度自动化、机械化精确生产模式（3.0）向融合互联网的高度智能化的 4.0 模式进化。数字农业体现了计算机技术、信息技术、数字化技术在农业全过程综合应用的特点。包括农业信息获取和及时处理、农业系统模拟、农业生产管理、农业专家系统、农业决策支持系统、农业计算机网络应用和农产品贸易信息化等。数字化不仅仅在电力、科技研发、信息技术等方面发挥出重大作用，在农业中更是可以发挥出积极的影响，以托普物联网为代表的农业数字化管理系统正是其中的具体表现。

一、农业物联网产业

美国在利用物联网科技促进智能、精准农业上处于领导地位，美国大农场对物联网设备技术的采用率高达 80%。物联网在农业资源监测、农业生态环境监测、农产品精细化管理及农产品安全溯源领域都得到了充分应用。

1. 在农业资源监测领域

美国和欧洲主要利用资源卫星对土地利用信息进行实时监测，并将其结果发送到各级监测站，进入信息融合与决策系统，实现大区域农业的统筹规划。以农场云端管理服务商 Farmeron 为例，Farmeron 已在 14 个国家建立农业管理平台为 450 个农场提供商业监控服务，旨在为全世界的农民提供类似于 Google Analytics 的数据跟踪和分析服务。农民可在其网站上利用这款软件，记录和跟踪自己饲养畜牧的情况（饲料库存、消耗和花费，畜牧的出生、死亡、产奶等信息，还有农场的收支信息）。Farmeron 帮着农场主将支离破碎的农业生产记录整理到一起，用先进的分析工具和报告有针对性地监测分析农场及生产状况，有利于农场主科学地制订农业生产计划。

以美国艾特锐视有限公司（Iteris）为例，该公司是一家为交通和农业市场提供信息解决方案的领先企业，该公司推出了其 ClearAg Mobile 应用测试程序，是一种具有实时获取田间特定作物生长指标、精确气象和全球性土壤条件信息的精准农业应用程序，扩展了 ClearAg 精准农业平台。ClearAg Mobile 应用程序是建立在 Iteris 公司高分辨率的作物生长土壤和天气的应用程序接口（API）之上。ClearAg 提供精确的天气信息，全球土壤条件信息和作物生长建模能力，还能为用户提供定制的作物生长，营养成分和有害生物疾病防治的建模服务。解决方案将在正确的时间为用户提供正确的田间信息，包括各种最佳的信息以帮助用户做出正确决策。

2. 在农业生态环境监测领域

美国、法国和日本等一些国家主要综合运用高科技手段构建先进农业生态环境监测网络，通过利用先进的传感器感知技术、信息融合传输技术和互联网技术等建立覆盖全国的农业信息化平台，实现对农业生态环境的自动监测，保证农业生态环境的可持续发展。例如，美国已形成了生态环境信息采集—信息传输处理—信息发布的分层体系结构。法国利用通信卫星技术对灾害性天气进行预报，对病虫害进行测报。日本研发小组开发了短时间内全自动分析农作物中残留农药成分的装置，以前需要花近一周的分析现在只需 50 分钟就可完成。建立了提取、分析为一体，可同时检测 500 种成分的全自动检测体系。拜耳作物科学近日推出了一个结合杂草和害虫鉴定以及处理方案信息的手机应用程序（app）Bayer Agronomy Tool，该程序能帮助种植者鉴别大约 100 种杂草和 70 种虫害，以及查看拜耳所有产品的最新标签信息。该 app 中添加了许多新的图像信息，专门用于识别杂草和害虫。所有这些高分辨率的图像可以放大查看重要特征部位，便于种植者进行鉴别，Bayer Agronomy Tool 的另一个特点是能够对拜耳的产品信息进行自动更新，提高工作效率。

3. 在农业生产精细管理领域

美国、澳大利亚、法国、加拿大等一些国家物联网技术在大田粮食作物种植精准作业、设施农业环境监测和灌溉施肥控制、果园生产不同尺度的信息采集和灌溉控制、畜禽水产精细化养殖监测网络和精细养殖等方面应用广泛。例如，土壤抽样分析服务商 Solum 致力于提供精细化农业服务，目标是帮助农民提高产出、降低成本。其开发的软、硬件系统能够实现高效、精准的土壤抽样分析，以帮助种植者在正确的时间、正确的地点进行精确施肥。既可以通过公司开发的 No Wait Nitrate 系统在田间地头进行分析，即时获取数据，也可以把土壤样本寄给该公司的实验室，让他们帮种植者进行分析。巴斯夫在加拿大推出全球首款网络农场管理工具，该工具拥有一个完全集成的核算平台，使得种植者能将作物、财务和粮食市场管理数据整合到一个核心解决方案中，帮助种植户完全掌握农场数据。使用该工具，种植者将可以追踪作物投入、生产成本、作物定价、监测、土壤测试和制定产量目标。该工具还允许进行 GIS/ GPS 定位、设备数据集成、库存跟踪、作物预算和粮食合同追踪。

4. 在农产品安全溯源领域

国外发达国家在动物个体编号识别、农产品包装标识及农产品物流配送等方面应用广泛。欧盟对某些产品的可追溯制度已经存在多年，食品信息可追踪系统为食品市场各个阶段信息流的连续性保障体系。目前，欧盟已经建立了对部分畜禽动物及其制品的可追踪系统、对转基因生物及转基因食品与饲料的可追踪系统。日本自 2001 年开始推广农产品与食品的追踪系统，2005 年建立“食品身份证制度”，目前已经建立完整的农产品溯源系统，即产品履历跟踪监视制度，要求生产、流通等各部门广泛采用条码技术、无线射频识别技术等的电子标签，详细记载产品生产和流通过程的各种数据，从而迅速查到食品在生产、加工、流通等各个阶段使用原材料的来源与制造的厂家以及销售商店等记录，同时也能够追踪掌握到食品的所在阶段。

5. 农业物联网标准

物联网的标准化将成为占领物联网制高点关键之一。在感知设备方面，其争夺的核心主要在 RFID 标签的数据内容编码标准这一领域。目前，形成了五大标准组织，分别代表不同团体或者国家的利益。EPC Global 由北美 UCC 产品统一编码组织和欧洲 EAN 产品标准组织联合成立，在全球拥有上百家成员，得到了零售巨头沃尔玛，制造业巨头强生、宝洁等跨国公司的支持。而 AIM、ISO、UID 则代表了欧美国家和日本；IP-X 的成员则以非洲、大洋洲、亚洲等国家为主。

二、农业大数据

顾问公司 GeoSilos 的创始人 Matt Bechdol 在美国农场事务联合会的年会上表示，“我不再喜欢‘精准农业’这个词了。我们将走向预测农业和规范农业。通过大数据，我们将超越精准农业。”

精确农业作为农业创新源泉的地位正被“大数据”和“农业信息学”所取代，对新技术的验收即将开始。例如 Fitbit 和谷歌眼镜等可穿戴设备整装待发，将在农民查看田地的同时，实时帮助他们制定更好的种植决策。大数据和农业信息学将帮助发展中国家获取所需信息，以可持续地养活日益增长的全球人口。

各国政府积极推动农业数据开放。随着科技的不断进步，农业“大数据”收集、整理与利用的手段也在增多。有关农业数据的采集、共享和利用正帮助美国农业政策制定者对农业部门的发展制定各种政策。不仅如此，美国各大农场主协会以及涉农企业也不惜投入大量的时间、金钱以及花费巨大的精力去搜集被人们称为“大数据”的涉农数据。目前一项最新技术正在被美国政府运用，那就是通过无人机搜集有关农作物在一年中各个季节长势的信息。通过动态的监控，农业政策制定者便可以及时出台各种有利于农作物生长以及农产品增产的政策。

美国政府大数据网站 Data. gov 是奥巴马政府在 2009 年推出的，是实现其倡导的“开放政府”承诺的一部分。它的目的是使得私人领域的开发者，能够利用那些政府采集但未经梳理的各类信息，开发应用来提供公共服务或者进行盈利。例如，很多的公司就可以利用 Data. gov 上提供的气象信息来提供服务。还有一些公司则基于该网站上的地理位置信息，提供基于位置的服务来盈利。美国农业部还宣布建立一个门户网站，该网站能链接到 348 个农业数据集。政府掌握的海量数据蕴含着巨大的商业和社会价值，但前提是“解放数据”，向企业和个人开放这些数据。美国政府的 CTO Todd Park 曾不止一次提到“解放数据”的重要意义，并大力支持 Hackathons、“Datapaloozas”等 Open Data 项目，推动民间机构发掘政府数据，造福民众。在全球范围内，英国政府的政务大数据公开“Open Data”项目最为成功，根据德勤的报告，2010 年 1 月以来，英国政府 Open Data 网站（Data. gov. uk）的人均访问页面数增长了 285%，总访问量比法国和美国（data. gov）的同类网站还要高。这表明公众对政府公开数据的兴趣正在快速增长。日本宫崎县西南部的“都城”市已经开始利用云和大数据进行农业生产。通过传感器、摄像头等各种终端和应用收集和采集农产品的各项指标，并将数据汇聚到云端进行实时监测、分析和管理。富士通和新福青果合作进行卷心菜的生产改革。两家公司在农田里安装了内置摄像头的传感器，把每天的气温、湿度、雨量、农田的图像储存到云端，还向农民发放了智能手机和平板电脑，让大家随时记录工作成果和现场注意到的问题，也都保存到云端。

第四节　农业生物技术产业

一、基因组学的研究逐渐得到各国的重视

随着植物分子生物学研究内容的不断深入和研究方法的不断更新，80 年代末出现了一个新的研究领域——基因组学（Genomics），基因组研究被认为是 20 世纪最重大的科研计划之一。从国际角度来看，世界各国政府继续加大对生物技术基础研究的投入和支持力度，如美国继 1990 年首先启动人类基因组计划之后，又启动了微生物基因组计划；日本每年拨出 2 亿美元用于水稻基因定位研究；欧洲各国政府也都支持粮食和蔬菜的基因定位研究。21 世纪基因组的研究将由“结构基因组”向“功能基因组”转变。基因组学涉及的研究内容与生物技术直接相关，对生物技术产业产生巨大的推动作用，以“基因”为核心的生物技术产业已形成并迅速发展。如美国 Foundation One 基因检测面向公众提供癌症基因检测服务，有助于发现可能引起肿瘤的所有基因突变，医生可基于对基因的了解来选择癌症治疗方式。

从企业的基因组芯片的研发来看，Affymetrix 公司是全球基因芯片行业的领先者，在这两年的动植物基因组大会（PAG）上，Affymetrix 都有新产品均展示了出来，如牛

的基因组学芯片，覆盖超过 640 000 个 SNP 标记，代表了来自 Affymetrix 牛基因组数据库的大约 300 万个 SNP 的遗传多样性。鸡的基因组芯片，Axiom © Genome－Wide Chicken Genotyping Array 是第一款商业化的高密度鸡基因分型芯片。此芯片包含几十万个多态性标记，这些标记存在于商业的蛋鸡和肉鸡以及非商业的远交群中。它适用于蛋鸡和肉鸡育种价值的预测、全基因组关联研究、高分辨率遗传作图、孟德尔性状作图和选择特征分析。水稻基因组芯 GENEChip © Rice 44K SNP Genotyping Array，此款芯片检测水稻的主要亚种内部及之间的常见遗传变异，包括籼稻、热带粳稻、温带粳稻和香型水稻。有了芯片的高分辨率和全面的基因组覆盖，研究人员能够合作分析全世界水稻品种的天然变异，以确定与重要表型性状（如高产量）相关的基因，了解变异的遗传来源。此外，还有水牛、三文鱼、玉米、大豆、草莓、小麦等基因组芯片也取得突破性进展。

二、生物农药和生物肥料技术是未来农业生物技术领域的重要方向

世界环境与发展大会在 1992 年就明确要求在全球范围内控制化学农药的销售和使用，联合国粮农组织也做出了在近几年内减少使用化学农药 50%的规划。据行业智库 Transparency Market Research 最新数据显示，2017 年全球生物农药市值达到 33 亿美元，并将以 13.9%的年复合增长率（CAGR）持续高速增长，预计到 2025 年实现 95 亿美元市值。欧洲（28 国）生物防控市场约占全球市场份额的 25%，主要包括生物农药、信息素、植物生长调节剂和有益生物等领域。

在生物农药的研发方面也取得突破，如欧盟利用微生物制剂治理农作物地栖害虫。由欧盟 8 个成员国及联系国德国（总协调）、英国、奥地利、丹麦、西班牙、比利时、捷克和瑞士，15 家科研机构和工业企业跨学科科技人员组成的欧洲 INBIOSOIL 研发团队。从 2012 年 7 月开始，长期致力于预防农作物地栖害虫微生物制剂的研制开发，已取得积极进展。INBIOSOIL 研发团队主要聚焦于寄生在农作物地栖害虫的病原线虫（Nematodes）、真菌（Fungi）和信号化合物（Semiochemicals）机理研究。截至目前，针对不同农作物特定地栖害虫已成功筛选出 6 种不同的病原真菌、10 余种病原线虫和 20 余种信号化合物。研制开发的病原真菌或线虫微生物制剂主要应用于农作物地栖害虫的“袭杀”治理，而信号化合物生物制剂主要应用于“诱杀”治理。例如，利用 2 种“高效”病原真菌研制的微生物制剂样品已获得欧委会批准，正在进行大田实验，分别专门针对马铃薯田的金针虫和西玉米根虫幼虫，已完成制剂样品对有益昆虫直接或间接负面影响、环境友好型和安全可靠性验证，初步结果证实微生物制剂明显的性价比优势。目前，研发团队的部分研究工作，已转向更多微生物制剂产品的研制和商业化应用开发。

随着生物制剂市场的繁荣，生物类制药的产业具有良好前景。生物药是目前最具投资价值的医药细分领域。生物药是制药行业近年来发展最快的子行业之一，全球市场规模预计将会从 2016 年的 2 020 亿美元，上升到 2022 年的 3 260 亿美元，年复合增

速 8.3%。

全球领先的医药研发公司对生物大分子药的关注日益增加，仅全球最大的 18 个制药公司的生物药在研品种就超过了 900 种。生物药研发资源及资金的投入、技术的不断进步以及对疾病的认识不断提高，促使制药公司可不断研发出具有卓越疗效及安全性的创新生物药。医药行业在 2017 年收获了新药的大丰收，包括开发了细胞基因治疗等开创性治疗，证实了该行业进一步完善和发展的能力和信心。2017 年，制药行业的重大并购交易有吉利德科学（Gilead Sciences）以 119 亿美元收购 Kite 制药，以及强生（Johnson & Johnson）以 300 亿美元收购爱可泰隆（Actelion）。2018 年的潜在收购者，可能是一些大型制药企业，其中市场猜测较多的是辉瑞（Pfizer）可能收购百时美施贵宝（Bristol-Myers Squibb）。2018 年生物制药交易价值将超2 000亿美元，科技巨头成并购交易火力来源。伴随着抗体技术的不断发展以及新型抗体的不断出现，单克隆抗体药物已成为制药业发展最快的领域之一，目前正在研究的生物技术药物中有 1/4 都是单克隆抗体药物，期间又涌现出了各种单抗衍生物，包括抗体药物偶联物、小分子抗体、双特异性抗体等。从全球制药行业的积极面来看，创新药物的上市浪潮似乎将会持续下去，因为美国 FDA 对新药的审批还远没有到刹车的地步。尽管就任 FDA 局长一职时间较短，但斯科特·戈特利布（Scott Gottlieb）已经受到了业界的广泛好评。因为 FDA 正在加快审批步伐，2017 年批准上市的新药达到 46 只。展望 2018 年，全球制药行业的大部分创新活动将继续聚焦在白热化的肿瘤免疫（I-O）领域。制药公司正在利用创新性靶标（例如 IDO，Lag3 和 CSF-1R）对一些重要的 I-O 组合药物开展试验工作，这些试验结果将会得到外界的密切关注。与此同时，制药公司针对一线肺癌治疗的试验结果也将广受外界关注，其中包括百时美施贵宝从 Checkmate-227 研究中获取的数据，阿斯利康（Astrazeneca）Mystic 试验获得的总体生存结果，以及罗氏（Roche）从 Impower-150 试验得出的完整数据。

三、农业生物基因工程技术不断成熟，产业化步伐加快

生物技术是世界应用最为迅速的作物技术。2017 年是转基因作物商业化的第 22 年，转基因作物种植面积持续增加。从 1996 年的 170 万公顷增加到 2017 年的 1.898 亿公顷，增长了 112 倍，这使生物技术成为近年来应用最为迅速的作物技术。22 年间，转基因作物的商业化种植面积累计达到了 23 亿公顷，即 59 亿英亩。2017 年，24 个国家种植了 1.898 亿公顷转基因作物（表 9-1），比 2016 年的 1.851 亿公顷增加了 470 万公顷（1 160万英亩），除 2015 年以外，这是第 21 个增长年份。2017 年转基因作物在五大种植国的平均应用率（大豆、玉米和油菜应用率的平均值）不断增加，已接近饱和，其中，美国为 94.5%、巴西 94%、阿根廷约 100%、加拿大 95%、印度 93%。今后这些国家种植面积的进一步扩大将通过批准和商业化新的转基因作物和性状来实现，这些新性状将解决气候变化和新出现的病害虫等问题。

表 9-1　2007—2017 年世界各国转基因作物种植面积（百万公顷）

国别	2007 年	2008 年	2009 年	2010 年	2011 年	2012 年	2013 年	2014 年	2015 年	2016 年	2017 年
美国	57.7	62.5	64	66.8	69	69.5	70.1	73.1	70.9	72.9	75
巴西	15	15.8	21.4	25.4	30.3	36.6	40.3	42.2	44.2	49.1	50.2
阿根廷	19.1	21	21.3	22.9	23.7	23.9	24.4	24.3	24.5	23.8	23.6
印度	6.2	7.6	8.4	9.4	10.6	10.8	11	11.6	11.6	10.8	11.4
加拿大	7	7.6	8.2	8.9	10.4	11.6	10.8	11.6	11	11.6	13.1
中国	3.8	3.8	3.7	3.5	3.9	4	4.2	3.9	3.7	2.8	2.8
巴拉圭	2.6	2.7	2.2	2.6	2.8	3.4	3.6	3.9	3.6	3.6	3
南非	1.8	1.8	2.1	2.2	2.3	2.9	2.9	2.7	2.3	2.7	2.7
巴基斯坦	—	—	—	2.4	2.6	2.8	2.8	2.9	2.9	2.9	3
乌拉圭	0.5	0.7	0.8	1.1	1.3	1.4	1.5	1.6	1.4	1.3	1.1
玻利维亚	—	0.6	0.8	0.9	0.9	1	1	1	1.1	1.2	1.3
菲律宾	0.3	0.4	0.5	0.5	0.6	0.8	0.8	0.8	0.7	0.8	0.6
澳大利亚	0.1	0.2	0.2	0.7	0.7	0.7	0.6	0.5	0.7	0.9	0.9
缅甸	—	—	—	0.3	0.3	0.3	0.3	0.3	0.3	0.3	0.3
墨西哥	0.1	0.1	0.1	0.1	0.2	0.2	0.1	0.2	0.1	0.1	0.1
西班牙	0.1	0.1	0.1	0.1	0.1	0.1	0.1	0.1	0.1	0.1	0.1
智利	<0.1	<0.1	<0.1	<0.05	<0.1	1	<0.05	<0.1	<0.1	<0.1	<0.1
哥伦比亚	<0.1	<0.1	<0.1	<0.05	<0.1	<0.05	0.1	0.1	—	0.1	0.1
洪都拉斯	<0.1	<0.1	<0.1	<0.05	<0.1	<0.05	<0.05	<0.1	<0.1	<0.1	<0.1
布基纳法索	—	<0.1	0.1	0.3	—	0.3	0.5	0.5	0.4	—	—
捷克	<0.1	<0.1	<0.1	<0.05	<0.1	<0.05	<0.05	<0.1	<0.1	<0.1	—
罗马尼亚	<0.1	<0.1	<0.1	<0.05	<0.1	<0.05	<0.05	<0.1	<0.1	—	—
葡萄牙	<0.1	<0.1	<0.1	<0.05	<0.1	<0.05	<0.05	<0.1	<0.1	<0.1	<0.1
德国	<0.1	<0.1	—	<0.05	<0.1	—	—	—	—	—	—
波兰	<0.1	<0.1	<0.1	<0.05	<0.1	—	—	—	—	—	—
斯洛伐克	<0.1	<0.1	—	<0.05	<0.1	<0.05	<0.05	<0.1	<0.1	<0.1	—
埃及	—	<0.1	<0.1	<0.05	<0.1	<0.05	—	—	—	—	—
苏丹	—	—	—	—	—	<0.05	0.1	0.1	0.1	0.1	0.2
古巴	—	—	—	—	—	<0.05	<0.05	<0.1	—	—	—
哥斯达黎加	—	—	<0.1	<0.05	<0.1	<0.05	<0.05	<0.1	<0.1	<0.1	<0.1
孟加拉国	—	—	—	—	—	—	—	<0.1	<0.1	<0.1	<0.1

（续表）

国别	2007年	2008年	2009年	2010年	2011年	2012年	2013年	2014年	2015年	2016年	2017年
越南	—	—	—	—	—	—	—	—	<0.1	<0.1	<0.1
瑞典	—	—	—	<0.05	<0.1	—	—	—	—	—	—
斯洛文尼亚	—	—	<0.1	—	—	—	—	—	—	—	—
法国	<0.1	—	—	—	—	—	—	—	—	—	—
总计	114.3	125	134	148	160	170.3	175.2	181.5	179.7	185.1	189.8

注：数据来源于 Clive James 2007—2017 历年《全球生物技术/转基因作物商业化发展态势》。

目前，转基因作物扩展到了四大作物（玉米、大豆、棉花和油菜）以外的苜蓿、甜菜、木瓜、南瓜、茄子、马铃薯和苹果，这些转基因作物均已上市，为全球消费者提供了更多选择。具有防挫伤、防褐变、丙烯酰胺含量低、抗晚疫病等性状的先后两代Innate ©马铃薯，以及防褐变的 Arctic ©苹果已经开始在美国和加拿大种植。孟加拉国对 Bt 茄子的种植在其商业化的第 4 年增加到了2 400公顷。哥斯达黎加的转基因粉色菠萝增加到 25 公顷，还有穗粒生物量增加并且直链淀粉含量高的玉米，以及油含量改良的大豆。巴西批准了一种抗虫甘蔗于 2018 年进行商业化。另外，公共研究机构进行的转基因作物研究（包括具有各种经济重要性和营养价值性状的水稻、香蕉、马铃薯、小麦、鹰嘴豆、木豆、芥菜、木薯、豇豆、甘薯等，使发展中国家的粮食生产者和消费者受益。

美国、巴西、阿根廷、加拿大和印度是转基因作物种植面积在全球排名前五的国家（表 9-2），2017 年美国转基因作物的种植面积达到7 504万公顷，其次为巴西（5 020万公顷）、阿根廷（2 360万公顷）、加拿大（1 310万公顷）和印度（1 140万公顷），五国转基因作物总种植面积为 1.733 亿公顷，占全球总种植面积的 91.3%。

表 9-2　2017 年全球各国转基因作物的种植面积（百万公顷）和种植类型

国别	种植面积	转基因作物
美国	75.04	玉米、大豆、棉花、油菜、甜菜、苜蓿、木瓜、南瓜、马铃薯、苹果
巴西	50.2	大豆、玉米、棉花
阿根廷	23.6	大豆、玉米、棉花
加拿大	13.1	油菜、玉米、大豆、甜菜、苜蓿、马铃薯
印度	11.4	棉花
巴拉圭	3	大豆、玉米、棉花
巴基斯坦	3	棉花
中国	2.8	棉花、木瓜
南非	2.7	玉米、大豆、棉花

（续表）

国别	种植面积	转基因作物
玻利维亚	1.3	大豆
乌拉圭	1.1	大豆、玉米
澳大利亚	0.9	油菜、棉花
菲律宾	0.6	玉米
缅甸	0.3	棉花
苏丹	0.2	棉花
西班牙	0.1	玉米
墨西哥	0.1	棉花
哥伦比亚	0.1	玉米、棉花
越南	<0.1	玉米
洪都拉斯	<0.1	玉米
智利	<0.1	玉米、油菜、大豆
葡萄牙	<0.1	玉米
孟加拉国	<0.1	茄子
哥斯达黎加	<0.1	棉花、菠萝
总计	189.8	

注：数据转引自 Clive James. 2017 年全球生物技术/转基因作物商业化发展态势［J］. 中国生物工程杂志，2018，38（6）：5.

作为全球最大的转基因作物种植国，美国7 504万公顷面积的转基因作物包括3 405万公顷大豆、3 384万公顷玉米、458 万公顷棉花、122 万公顷苜蓿、87.6 万公顷油菜、45.8 万公顷甜菜、3 000 公顷马铃薯，以及转基因苹果、南瓜和木瓜各1 000公顷。总之，除玉米和甜菜外的其他转基因作物的种植面积在美国都有所增加。

自 2007 年以来，美国转基因作物种植面积总体上呈不断上升态势，见下页图，10年间转基因作物种植面积由 2007 年的5 770万公顷增加到 2017 年的7 504万公顷，增长了 30%，年均增长 3%。全美大豆、棉花和油菜种植地区少干旱、少暴风雨以及令人欣喜的获利性价格刺激农民们增加了以上三种作物的种植面积。三种主要作物玉米、大豆和棉花的平均应用率达到 94.5%，已经接近饱和，这意味着未来它们的应用率提高空间很小。因此，转基因作物种植面积的增加将依赖其他转基因作物：油菜、苜蓿、甜菜、马铃薯和苹果。美国是转基因作物发现、开发和商业化领域的引领者，其三大政府监管机构对转基因作物监管政策的更新应该反映出该国对这项技术的接纳和认识方面的领导能力，迅速而有效地批准农业生物技术新产品不仅惠及美国，更使全球社区受益。

巴西是 2017 年全球第二大转基因作物种植国，种植面积为5 020万公顷，比 2016 年增加了 2%，即 110 万公顷，占全球种植面积 1.898 亿公顷的 26%，该国种植的转基因作物中包括了3 370万公顷大豆、1 560万公顷玉米（冬玉米和夏玉米），以及 15 万公顷棉花。这三种作物在巴西的总种植面积为5 340万公顷，因此转基因作物的应用率达到了 94%。巴西在五大种植国中转基因作物种植面积的增加速度最为迅猛，见下图，从 2007 年的1 500万公顷增长到 2017 年的5 020万公顷，10 年间增长了两倍多，年均增长幅度高达 24%。

阿根廷是全球最大的转基因大豆棉花和玉米出口国之一，2017 年共种植了2 360万公顷转基因作物（占全球种植面积的 12%），与 2016 年的2 382万公顷相比稍有减少。其中转基因大豆种植面积减少了 3%，从 2016 年的1 870万公顷减少到 2017 年的1 810万公顷；转基因棉花种植面积减少了 38%，从 2016 年的 38 万公顷减少到 2017 年的 25 万公顷；转基因玉米的种植面积增加了 10%，从 2016 年的 470 万公顷增加到 2017 年的 520 万公顷；三种转基因作物的平均应用率接近 100%，表明该国经济发展对技术的依赖。如下图所示，阿根廷转基因作物种植面积的变动较为平稳，从 2007 年的1 910万公顷上升至 2017 年的2 360万公顷，10 年间增长了 24%，年均增幅 2.4%。

2017 年加拿大六种转基因作物的种植面积从 2016 年的1 110万公顷增加到 1 312万公顷，达到 18%的空前增长率。转基因作物的总种植面积相应地增加了 17%，从 2016 年的1 238万公顷增加到 2017 年的1 449万公顷。该国的转基因作物包括 250 万公顷大豆、178 万公顷玉米、883 万公顷油菜、15 000公顷甜菜、3 000公顷苜蓿和 40 公顷马铃薯，总种植面积为1 312万公顷。四大转基因作物大豆玉米油菜和甜菜的平均应用率与 2016 年相似，为 95%。近 10 年间，加拿大转基因作物种植面积保持小幅平稳上涨态势，见下图，由 2007 年的 700 万公顷增加到 2017 年的1 310万公顷，增长了 87%，年均增幅为 8.7%。

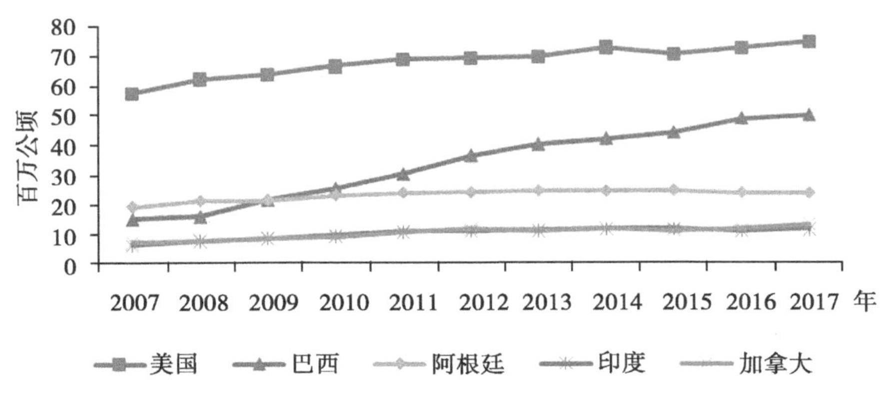

图　2007—2017 年五大种植国转基因作物种植面积变动趋势

注：数据来源于 Clive James《全球生物技术/转基因作物商业化发展态势》。

印度在棉花生产方面取得了巨大进展，2017 年占全球棉花生产市场份额的 1/4，转基因棉花的种植面积从 2016 年的1 080万公顷增加到 2017 年的1 140万公顷，增加了 6%，相当于棉花总种植面积1 224万公顷的 93%。印度转基因作物种植面积变动趋势和加拿大趋同，见上图，从 2007 年的 620 万公顷增加到 2017 年的1 140万公顷，10 年间增长了84%，年均增幅为8.4%。

转基因作物被全球应用是因为它使人类环境和动物健康受益巨大，并且为农民和公众的社会经济状况改善做出了贡献。过去21年（1996—2016年）转基因作物为全球1 600万~1 700万农民带来了1 861亿美元的经济收益，其中95%的农民来自发展中国家。

尽管和常规作物相比具有明显优势和存在较大的经济效益，但转基因作物仍然一直受到世界范围内批评者的指控，这在某种程度上影响了全球范围内各国关于转基因作物的法规和审批。政府部门往往关注转基因作物的安全性、可获取性和收益率，而地方的利益在于保护生物多样性和贸易竞争力，因此，当前广大农民获取转基因技术和相应经济收益的通道并不通畅。

第十章　结论与展望

第一节　全文研究结论

本书在回顾总结三大都市现代农业科技发展现状的基础上，进一步分析都市现代农业科技创新现状及存在的问题，重点剖析了上海农业科技创新的路径，在回顾总结科技实力的评价方法的基础上，根据都市现代农业科技活动的特点，采取层次分析方法及信息熵法，从农业科技研发实力、农业科技支撑实力、农业科技示范实力、农业科技推广实力四个方面构建都市现代农业科技实力的评价指标体系。定量分析和评价上海农业科技实力及创新效率，并与北京、天津的农业科技实力及创新效率对比分析，找出影响三大都市农业科技创新效率的因素。该研究有助于全面了解三大都市农业科技实力及创新效率，确定比较三大都市农业科技实力的强弱项，有利于政府判断农业科技实力及创新效率的走向和成因，在三大都市农业科技进步及创新方面找到今后的出发点。

一、关于上海农业科技创新路径的分析

上海确立了以农业产业化龙头企业为主体构建都市现代农业的发展思路。孙桥园区近 20 年来的技术创新路径及模式，也是上海都市现代农业技术创新发展的一个缩影。本章以上海孙桥园区为例对农业技术创新成功案例进行追踪研究，剖析 1994—2015 年孙桥农业科技创新模式的形成及演进路径。通过分析发现，孙桥园区的农业技术创新主导能力从二次创新能力、过渡到集成创新能力，最终走向原始创新能力，这一过程是园区面对技术引进的“天花板”效应所做出的战略选择。另外还发现，孙桥自主创新能力演化路径受内因和外因共同作用。首先，吸收能力是孙桥园区能够完成各阶段能力积累和跃迁的内在基础和动力，它帮助园区通过多种组织学习的方式，实现内外知识的有效整合，进而推动园区的能力升级。其次，历史压力和随机事件是促进孙桥园区在转型背景下实现自主创新能力演化的外部推力，园区凭借多年的技术积累和大量的技术知识库，开始进行原创性的自主研发，同时通过技术引进等方式实现技术消化吸收，不断夯实技术能力，最终实现技术创新及进步。

二、关于都市现代农业科技实力评价指标构建及评估

本章首先回顾总结了科技实力的评价方法，通过对我国农业科技实力内涵及构成的初步分析，借鉴国内外比较成熟的科技实力评价指标体系，根据上海、北京及天津都市现代农业科技活动的特点，用理论分析法对农业科技综合实力的内涵、特征、构成进行分析、比较和综合，将农业科技实力评价总目标分解为农业科研实力、农业科技支撑实力、农业科技示范实力及农业科技推广应用实力四部分，然后逐层深入细化，得到一般评价指标体系，并结合频度统计法和专家咨询法对指标体系进行调整与筛选。

在方法选择上，本章选择了层次分析方法及信息熵法对三大都市农业科技实力进行了评价，从农业科技研发实力、农业科技支撑实力、农业科技示范实力及农业科技推广实力四个方面构建都市现代农业科技实力的评价指标体系。总体来看，北京的农业科技实力强于天津及上海，上海的农业科技实力强于天津，北京的农业科技实力评价值平均为0. 966，天津及上海的农业实力评价值分别为0. 517、0. 620。从分项指标来看，北京的农业科技研发实力、农业科技支撑实力、农业科技示范实力、农业科技推广应用实力都高于天津及上海。三大都市的农业科技研发实力评价值差别较大，北京的科技研发实力评价值为0. 298，而天津及上海的评价值分别为0. 117、0. 147。

总体上看，三大都市农业科技实力还是有一定的差距，作为全国政治、经济、文化中心的北京，汇聚众多的农业科研单位及中央机构，在农业科技资源集聚、农业科技投入、农业科技研发与示范方面具有较好的条件和基础，科技转化能力较强，在农业科技示范及推广方面具有较大的优势。相比北京，作为直辖市的上海及天津，农业科技研发实力不够强劲，农业科技成果、农业科技对经济贡献作用不突出，较低的经济效益又导致各部门对农业科技创新投入的热情不高，从而科技投入的严重不足直接影响了农业科技对经济增长的贡献，造成农业科技推广示范实力及推广应用实力不强。

三、关于三大都市农业科技进步贡献率的测算

本章将朱希刚等研究设计的“我国农业科技进步贡献率测算方法”作为农口测算农业科技进步贡献率的统一使用方法，测算北京、上海及天津三大都市农业技术进步对农业产出增长的贡献，分析农业科技进步贡献率的变动趋势及原因，通过分析可知，2010—2016 年北京的农业科技进步贡献率高于上海和天津，上海的农业科技进步贡献率呈持续上升趋势，而北京和天津的农业科技进步贡献率出现了波动。就整个研究而言，通过分析和判断，结合对三大都市分时间段农业科技进步贡献率的分析发现，农业物质费用投入对农业总产出的贡献呈下降趋势，三大都市农业劳动生产率不断提高，耕地面积逐年减少带来的负效应日益明显，农业科技进步贡献率指标具有波动特性，适宜作长期趋势指标，我们不能仅依据科技进步贡献率测算值的高低而武断地评价科技发展水平。

四、关于三大都市农业科技创新效率分析

本章选取农业科技投入产出数据分析三大都市农业科技创新效率，投入指标包括农业科技活动经费内部支出、研究与实验发展（R&D）经费支出、从事农业科技活动人员和研究与实验发展（R&D）人员全时当量等指标。产出指标包括专利申请授权量、国外主要检索工具收录我国农业科技论文总数、技术市场成交额和土地生产率等。采用SBM超效率模型（supper SBM）测算三大都市农业科技创新的效率。测算结果可知，三大都市农业科技创新效率呈现不同的变化，且差异较为明显。北京及天津市的农业科技创新效率呈上升的态势，北京市农业科技创新效率由2007年的1.522上升到2016年的3.780，天津市的农业科技创新效率值由2007年的0.580上升到2013年的1.278，而且北京市的农业科技创新效率波动幅度较大。值得注意的是，上海市农业科技创新效率呈缓慢下降的态势，由2007年的1.824下降到2013年的1.080。

为了进一步分析三大都市农业科技创新的效率，将技术效率分解为纯技术效率与规模效率。总体来看，北京表现出了较高的综合技术效率水平，成为三大都市农业科技生产前沿面的引领者。同时，北京市农业科技的规模效率水平也呈较高的水平，表明北京农业科技创新技术无效的主要原因是由于纯技术无效引起的，规模效率并不是制约北京技术效率的瓶颈。值得注意的是，上海和天津的农业科技创新均具有较高的纯技术效率，表明天津和上海的农业科技创新较低的主要原因是由规模效率低下引起的。

五、分析影响三大都市农业科技创新效率的影响因素

本章首先对影响农业科技创新效率的因素进行了理论分析，提出了研究假设，随后通过构建的DEA-Tobit两步法模型，以上文估算的农业科技创新效率数据作为因变量，选取政府投入、科技活动支出、农业产业化程度、科技人员素质、生产规模等影响农业科技创新效率的因素作为自变量作回归分析，探析影响三大都市农业科技创新效率的因素。结果显示，技术市场发育程度对农业科技创新效率的提升具有显著正向影响，农业技术研发投资增加虽然会增加农业企业产品成本，但同时提高了其产品质量，提高了自身的竞争力。随着农业生产率水平的提高，农业生产力发展水平逐步提高，同时也促进了农业科技创新效率的提升。

反映政府环境的RD经费投入对农业科技创新效率的影响变量虽然通过了显著性检验，但与假设不符，这可能是机构、人员与资金之间不能有效协调所致，与影响预测不一致，此外，RD人员全时当量变量及农业技术人员变量均未通过显著性检验。通过分析可知，目前虽然企业在农业科技创新中的作用日益突出，但科技创新能力还有待进一步提高，科技资源和人才储备不足，农业新技术、新产品研发能力不强，难以承担科技创新主体的责任，企业要成为农业科技创新主体，还有很长的路要走，因此目前这阶段企业技术创新并未对农业科技创新效率产生实质影响。

第二节 促进上海农业科技实力及创新效率提升的对策建议

一、优化三大都市农业科技创新外部环境，增强农业科技创新的活力

1. 创造有利于农业科技创新的环境

农业技术创新离不开政府的引导和推动，政府充当制度供给者、环境营造者和主要投资者的角色。由于农业的比较利益低，农业“弱质”、农民“弱势”，相对于非农产业而言，政府在农业领域中应发挥更多的主导作用，积极构建有利于发挥人力资本作用的体制机制，注重培育创新精神和创业的科技创新环境。要完善制度建设，从科研开发、成果转化、产业发展和知识产权保护、技术市场建立到形成产业规模，建立起一套完善的法律法规体系和相应的扶持政策。此外，加大对农业科研的投入力度，在分析上海都市农业科技实力时发现，上海的农业科技投入的强度都不高，上海的农业科技经费投入占农业总产值的比重还不到1%，影响了农业科技实力的提升。因此增加科研课题的数量和支持力度，改善农业科研条件，提高农业科技投资在农业总产值的比例，努力探索建立多元化、多层次的农业科技投入新体系，逐步建立以政府资金为引导，企业投入为基础、风险投资为补充、银行贷款为保证的技术创新投入机制。

2. 大力开展农业科技创新的基础设施建设

一是要加强科技创新的基础设施建设。围绕建立农业创新体系，大力加强应用技术研究开发，在优质高效动植物新品种选育、节水农业技术、设施农业技术、农业物联网技术、动物疫病防控技术、农产品冷链技术、农机和温室装备、新型农用生物制剂（肥料、农药、兽药、疫苗）等方面取得一批突破性的实用技术成果和产品，并加大对这些技术的示范和推广力度，加大农业科技成果转化。二是以加快转变农业发展方式为主线，以确保农产品有效供给和质量安全为首要任务，以提高土地产出率、资源利用率、劳动生产率为主要目标，面向都市现代农业产业的需求，有所为，有所不为，部署农业基础研究和前沿技术攻关，增强农业科技研发实力和科技支撑实力。

3. 完善导向性与激励性两重结合的政策

建立健全加快农业科技自主创新能力提升的政策体系，实行导向性和激励性并重的方针。要进一步加大对基础性、公益性研究的扶持力度，加大对重大农业科技攻关项目、“产学研”战略联合和农业龙头企业运用科技成果的政策倾斜。在政策重点上，强化对科技人才、科技经营者以及领军人物的创新激励机制；在政策结构上，打通农业科技成果转化技术链、资金链和人才链的障碍，优化农业科技创新的传导机制。

二、以上海创建科技创新中心为抓手，推进上海农业科技创新工程建设

1. 培育农业科技创新主体

由上海市农业科学院联系在沪以农业科技创新为主体的科研单位或部门，构建上海农业科技创新中心，加强与国家农业科技创新体系对接，立足上海、辐射长三角、服务全国，实现上海都市型现代农业的跨越式发展。在粮油作物、瓜果、设施园艺、食用菌、畜禽、水产等特色农产品领域，系统梳理产业发展中的技术问题，统筹布局区域科技创新力量，有序解决现代农业产业发展中的难点、热点，建立以应用研究为主，覆盖产业发展全程，涵盖技术原始创新、集成创新与示范推广应用的技术创新体系。

2. 突出农业科技创新重点领域

依据上海都市现代农业的发展优势与长远目标，明确上海农业科技创新的方向，把种源农业、数字农业、生态农业、装备农业及农产品质量安全领域作为农业科技创新的重点领域，大力加强对种源农业领域技术、数字农业领域技术、生态农业领域技术、装备农业、农产品质量安全领域技术等重点农业科技创新领域的支持力度，建立针对这些重点领域稳定增长的长效投入机制，以加快推进重点领域技术研究，取得一批在世界农业科技创新领域具有领先水平的重大科技成果。

3. 重点培育一批具有较强科技创新能力的领军人才和骨干力量

实行引进与培育结合，在产业发展的重点领域及前瞻性领域填平补缺，重点培养创新型领军人才，在每一个关键领域建立科技创新团队，鼓励和支持创新领军人才带领创新团队承担重大科技攻关和产业化项目。实施“人才强基工程”，着力培养造就一批创新能力强的高水平农业学科带头人和优秀农业科技创新人才群体，对优秀的创新人才给予项目支持和相关政策优惠，如解决上海户口和住房等实际生活难题，切实为农业科技创新人才排忧解难，促进一批中青年优秀科技人才脱颖而出。

三、探索促进农业科技成果转化的体制机制，促进农业科技成果转化

1. 构建农业科技创新的利益联结机制

探索建立创新者、科研单位、企业三者的利益联结机制和分配机制，实行农业科技成果定期发布机制，建立农业科技成果信息共享平台，实时收集、定期公开，加快农业科技成果的生产转移和社会应用，提高科技创新和成果转化的主动性，实现从鼓励创新到自发创新的良性循环。

2. 加大重视农业科技成果的转化与推广力度

上海要依托创建“全球科技创新中心”的有利契机，构建有利于农业信息、技术、人才、资金等资源合理流动的网络公共平台，制定对进入农业领域并具有一定科技含量的生产、保鲜、贮存、加工、包装等专利技术成果转让的支持政策。健全基层农业技术

推广、动植物疫病防控、农产品质量安全监管等公共服务机构，明确公益性职能定位，合理确定人员编制和公共服务岗位，严格编制和岗位管理，保障工作经费。以责任制度、绩效考评制度为重点，完善农技人员聘用、农技推广责任、绩效考评、农技人员培训和多元推广五项制度建设，提高运行质量和工作效能。提高基层农技人员待遇水平，落实工资倾斜和绩效工资政策，实现在岗人员工资收入与基层事业单位人员工资收入平均水平相衔接。逐步延伸村级服务站点，加强村级责任农技员队伍建设，拓展服务内容，增强服务功能。

3. 建立“产学研”战略联盟，提高农业科技创新成果转化能力

以重大农业科技攻关项目和农业科技创新平台为纽带，积极建立科研院所、高等院校、农业龙头企业的“产学研”战略联盟。充分发挥粮油、食用菌、瓜果、畜牧、设施园艺、低碳农业、数字农业、农业生态环境保育等农业领域的工程研究中心、重点实验室、农产品检测中心和现代农业产业体系等平台的作用，进一步优化资源配置，推进重点领域科技率先突破，产生一批标志性、突破性的重大成果，有效为现代农业生产服务。

四、以技术市场培育为抓手，促进提升农业技术吸收能力

1. 繁荣农业科技成果交易市场

北京市由于其农业科技创新资源丰富，农业科技创新能力较强，因此农业科技实力较强，农业科技创新成果转化程度较高。而由于多种原因，上海的农业科技创新成果交易市场建设落后，农业科技成果转化率较低，且由于其农业科技创新成果辐射于全国，无法科学考量其农业科技创新产出指标，导致其农业科技创新投入与产出不匹配，协调性差。应采取以下措施提高其农业科技创新产出水平：一是繁荣农业科技创新成果交易市场；二是引入市场化经营机制，构建“一主多元”的农业科技创新体系，政府是一个主体，多元化的各方参与，更多地关注涉农企业进入农业的理念、机制和体制，扶持农民专业合作社、供销合作社、专业技术协会、涉农企业等社会力量广泛参与产前、产中、产后服务，“一主和多元”相辅相成。

2. 培育引导新型农业社会化服务组织

一是要鼓励和支持相关涉农企业在某些领域建立一批产业技术创新战略联盟，支持鼓励和引导企业超前、深度参与农业技术研发。鼓励农业行业协会、专业学会、中介服务组织和产业化龙头企业等主体开展形式多样的有偿技术服务活动，使企业、合作社、专业协会也可以成为农业科技推广的一个重要服务站点。加速农业科技成果的转化力度，提升农业科技成果推广应用实力。二是大力培育新型农业科技企业，吸收社会力量参与农业科技创新，使其成为农业科技创新体系的有机组成部分，更好的发挥农业龙头企业的作用，提升农业科技综合实力水平。

第三节 进一步展望

本书通过建立评价指标体系，定量分析和评价三大都市的农业科技实力，采用Cobb-Douglas生产函数模型测算了三大都市农业科技进步贡献率，通过SBM超效率模型测算了三大都市的农业科技创新效率，并对三大都市的农业科技实力及创新效率作对比分析，找出影响农业科技创新效率的因素，最后提出提升上海农业科技实力及创新效率的对策建议。由于评价指标体系的建立也是一个主观的过程，因此会对农业科技实力的评价结果造成影响。同样，影响农业科技创新效率的因素很多，但由于数据的可得性限制，对影响因素的选择会受到资料数据的限制，对农业科技创新效率影响的分析也不够全面、系统，从而会对农业科技实力及创新效率的分析结果产生一定的偏差。

此外，本研究以三大都市的农业科技实力及创新效率为对象开展研究，由于三大都市在地理位置、农业生产特点、农业科技环境及政策等方面差异较大，一定程度上会影响结论的有效性。本研究的结果还有待进一步验证，在数据来源及分析方面还需进一步拓展和深入。

参考文献

白俊红，江可申，李婧 . 2009. 应用随机前沿模型评测中国区域研发创新效率［J］. 管理世界（10）：51-61.

白俊红，李婧 . 2011. 政府 R&D 资助与企业技术创新——基于效率视角的实证分析［J］. 金融研究（6）：181-193.

陈超，陈才，张根明 . 2009. 山东省化工产业科技创新能力评价——基于主成分分析及聚类分析方法的实证研究［J］. 化学工业，27（6）：38-42.

陈冬生，魏建国，严琼芳，等 . 2003. 武汉市科技进步对经济增长贡献率的测算与分析［J］. 武汉理工大学学报（4）：84-87.

陈慧女，周佁 . 2014. 中国农业科技创新模式变迁及策略选择［J］. 科技进步与对策，31（17）：70-74.

陈俊红，李红 . 2013. 北京农业科技服务体系的建设思路［J］. 农业技术与装备（4）：15-17.

陈俊红，尹光红 . 2014. 产业融合趋势下北京农业科技服务体系建设［J］. 科技管理研究（8）：70-74.

陈丽娜，孙国兴，刘会想 . 2013. 加快农业科技创新与推广支撑天津都市现代农业发展［J］. 天津农业科学，19（2）：35-37.

陈柳柳 . 2017. 我国农业科技进步贡献率测算及影响因素分析［D］. 杭州：浙江工商大学 .

陈萌山 . 2014. 加快体制机制创新提升农业科技对现代农业发展的支撑能力［J］. 农业经济问题，35（10）：4-7.

陈祺琪，张俊飚，程琳琳，等 . 2016. 农业科技资源配置能力区域差异分析及驱动因子分解［J］. 科研管理，37（3）：110-123.

陈祺琪 . 2016. 中国农业科技创新能力：空间差异、影响因素与提升策略［D］. 武汉：华中农业大学 .

陈榕 . 2004. 科技进步对福建经济增长的贡献率分析［J］. 市场论坛（8）：26-27，23.

陈振，郑锐，李佩华，等 . 2018. 河南省农业科技创新效率评价与分析［J］. 河南农业大学学报，52（3）：464-469，484.

陈振，郑锐，李佩华 . 2017. 基于 DEA-Malmquist 方法的全国农业科技创新效率分析［J］. 河南科学，35（12）：2048-2054.
陈志强 . 2013. 福建农业产业化龙头企业科技创新能力及效率研究［D］. 福州：福建农林大学 .
程智强，刘明 . 1997. 农业科技进步贡献率测算中的数据处理问题［J］. 预测（2）：53-60.
程智强，张占耕，刘明，等 . 1996. 上海市农业科技进步贡献率测算［J］. 上海农业学报，12（4）：69-72.
董丽丽，毕娟 . 2013. 北京文化产业的科技与文化创新策略［J］. 中国市场（11）：77-81.
董明涛 . 2014. 我国农业科技创新资源的配置效率及影响因素研究［J］. 华东经济管理，28（2）：53-58.
董兴林，李梦钰 . 2018. 青岛市农业科技进步贡献率测算研究［J］. 科技创新与应用（9）：23-24.
杜娟 . 2013. 基于 DEA 模型的我国农业科技创新投入产出分析［J］. 科技进步与对策，30（8）：82-85.
段婷婷 . 2015. 基于 Solow 余值法的农业科技进步贡献率测算［J］. 江西农业学报，27（12）：116-119.
发达国家农业机械化发展现状. http：//www.sohu.com/a/84580193_ 277334.
樊琦，韩民春 . 2011. 政府 R&D 补贴对国家及区域自主创新产出影响绩效研究——基于中国 28 个省域面板数据的实证分析［J］. 管理工程学报，25（3）：183-188.
冯振环 . 2002. 地区科技实力的评价方法研究［J］. 科学管理研究，20（4）：22-26.
冯宗宪，王青，侯晓辉 . 2011. 政府投入、市场化程度与中国工业企业的技术创新效率［J］. 数量经济技术经济研究（4）：3-17.
付野，张广胜，田慧勇 . 2011. 基于 DEA 的农业科技龙头企业技术创新效率评价——以辽宁省为例［J］. 社会科学辑刊（1）：133-137.
高博 . 2015. 内蒙古自治区农业科技贡献率研究［J］. 科学管理研究，33（5）：71-73，81.
高布权 . 2008. 论农业科技创新的内涵及其在农业现代化中的功效［J］. 农业现代化研究（5）：522-526.
官建成，陈凯华 . 2009. 我国高技术产业技术创新效率的测度［J］. 数量经济技术经济研（10）：19-33.
管继刚 . 2010. 物联网技术在智能农业中的应用［J］. 通信管理与技术（3）：24-27.
韩晨朦 . 2018. 京津冀农业科技创新效率比较研究［D］. 天津：天津农学院 .
韩孟华 . 2011. 北京市农业推广问题研究［D］. 长春：吉林大学 .
郝利，韩孟华，周连第 . 2007. 1990—2007 年北京市农业进步贡献率的测算［J］.

农业技术经济（3）：89-96.
郝利，韩孟华，周连第 . 2010. 1990—2007 年北京市农业科技进步贡献率的测算 [J]. 农业技术经济（3）：89-96.
胡鞍钢，熊义志 . 2008. 对中国科技实力的定量评估（1980—2004）[J]. 清华大学学报（哲学社会科学版），23（2）：104-119.
胡瑞法，李立秋，张真和，等 . 2006. 农户需求型技术推广机制示范研究 [J]. 农业经济问题（11）：50-56.
黄健元，程逸楠 . 2005. 科技实力分行业研究以及提升科技实力的对策建议——长三角地区科技实力实证研究 [J]. 科技管理研究，12：88-92.
黄贤凤，武博，王建华 . 2013. 中国八大经济区工业企业技术创新效率及其影响因素研究 [J]. 科研管理（8）：90-97.
纪传如，李鹏宇，罗伟 . 2014. 技术链、产业链搭接视角下农业科技创新——基于江苏扬州的调查 [J]. 西北农林科技大学学报（社会科学版），14（2）：68-73.
贾凤伶，孙国兴，李瑾，等 . 2011. “十一五”天津市农业科技进步贡献率测算及分析 [J]. 安徽农业科学，39（21）：13186-13189.
江静 . 2011. 公共政策对企业创新支持的绩效——基于直接补贴与税收优惠的比较分析 [J]. 科研管理，32（4）：1-8，50.
姜宁，黄万 . 2010. 政府补贴对企业 R&D 投入的影响——基于我国高技术产业的实证研究 [J]. 科学学与科学技术管理，31（7）：28-33.
蒋国华 . 2000. 关注科技实力的评估、指标和排序 [J]. 南开管理评论（3）：53-55，65.
蒋和平，刘学瑜 . 2014. 我国农业科技创新体系研究评述 [J]. 中国农业科技导报，16（4）：1-9.
蒋和平，苏基才 . 2001. 1995—1999 年全国农业科技进步贡献率的测定与分析 [J]. 农业技术经济（5）：12-13.
金莹 . 2016. 甘肃省农业科技竞争力综合评价研究 [D]. 兰州：甘肃农业大学 .
匡跃辉 . 2006. 科技政策评估：标准与方法 [J]. 科技管理研究（6）：62-65.
旷宗仁，章瑾，左停 . 2012. 中国农业科技创新投入产出分析 [J]. 中国科技论坛（7）：132-136.
赖晓璐，葛立群，贾可 . 2015. 辽宁省 2008—2012 年农业科技进步贡献率的测定与分析 [J]. 农业经济（10）：21-22.
赖晓敏，张俊飚，何可，等 . 2018. 地方行政长官的个人特质与区域农业科技创新效率 [J]. 软科学，32（7）：44-47，51.
黎红梅，汪邹霞 . 2016. 金融支持农业科技创新的国际经验 [J]. 世界农业（1）：79-83.
李宝健，朱华晨 . 2004. 展望 21 世纪的农业生物技术——后基因组时代的农业生物技术 [J]. 中山大学学报（自然科学版）（1）：56-61.
李炳军，杨旭，梁广华 . 2007. 我国省市农业科技综合实力评价体系及实证分析

[J]. 农机化研究（4）：66-68.
李长洋 . 2017. 互联网+背景下农业信息化发展路径研究［D］. 武汉：华中师范大学 .
李洪文，黎东升 . 2013. 农业科技创新能力评价研究——以湖北省为例［J］. 农业技术经济（10）：114-119.
李鸿禧，迟国泰 . 2016. 基于 DEA-t 检验的以企业为主体的科技创新效率评价［J］. 中国管理科学，24（11）：109-119.
李金祥 . 2016. 创新农业科技驱动精准扶贫［J］. 农业经济问题，37（6）：4-8.
李京文，钟学义 . 1998. 中国生产率分析前沿［M］. 北京：社会科学文献出版社 .
李鹏，吴海霞，李平，等 . 2016. 产业链与技术链双向融合下的我国农业科技创新系统的协同发展研究——基于新型经营主体培育视角［J］. 科技管理研究，36（3）：1-7.
李巧莎，杨伟坤，杨蕾 . 2014. 农业科技创新的财政金融支持研究［J］. 科技管理研究，34（13）：8-10，15.
李习保 . 2007. 区域创新环境对创新活动效率影响的实证研究［J］. 数量经济技术经济研究（8）：3-24.
李写一，郭亚军 . 2007. 陕西省科技进步贡献率测定［J］. 科技导报（4）：63-66.
李亚敏，商庆芳，田丰存，等 . 2008. 我国设施农业的现状及发展趋势［J］. 北方园艺（3）：90-92.
林建，廖杉杉 . 2014. 农业 FDI 对农业科技进步贡献率的影响研究［J］. 重庆大学学报（社会科学版），20（4）：57-64.
刘凡，蒋寒露 . 2014. 美国：农业物联网将引领下一个农业时代［J］. 农村 . 农业 . 农民（A 版）（8）：25-26.
刘峰，张明宇 . 2014. 国内外设施农业发展现状及问题分析［J］. 农业技术与装备（14）：23-24.
刘凤朝，潘雄锋 . 2007. 基于 Malmquist 指数法的我国科技创新效率评价［J］. 科学学研究，27（5）：986-990.
刘会想，李瑾，孙国兴 . 2012. 天津都市型现代农业科技支撑体系创新思路探讨［J］. 农业科技管理，31（6）：14-17.
刘会想，孙国兴 . 2014. 天津市农业科技服务模式创新的经验与启示［J］. 科技管理研究（1）：26-30.
刘继兵，王定超，夏玲 . 2014. 政府补助对战略性新兴产业创新效率影响研究［J］. 科技进步与对策，31（23）：56-61.
刘建党 . 2006. 区域科技实力综合评估体系及实证分析［J］. 西安邮电学院学报，11（4）：107-111.
刘敏，万丽娟 . 中国农业科技创新绩效的地区差异研究——基于农业科研机构创新绩效的实证分析［J］. 重庆大学学报（社会科学版），网络首发 2018-09-03.
刘思峰 . 2002. 科技综合实力评估指标与数学模型［J］. 南京航空航天大学学报，34（5）：409-412.

刘涛，周宏伟 . 2009. 对新时期农机化发展的认识［J］. 农业技术与装备（10）：16-17.

柳卸林，高太山，周江华 . 2014. 中国区域创新能力报告（2013）［M］. 北京：科学出版社 .

卢春华 . 2013. 农业科技创新与推广问题研究——以延边地区为例［J］. 延边大学学报（社会科学版），46（2）：42-47.

陆星星 . 2009. 生物农药的发展前景［J］. 广东农业科学（11）：108-111.

吕可文，李晓飞，赵黎晨 . 2017. 中部六省区域创新能力的评价与分析［J］. 区域经济评论（2）：99-106.

罗利军，梅捍卫，余新桥，等 . 2011. 节水抗旱稻及其发展策略［J］. 科学通报（11）：804-811.

马海涛，朱红彩，马朝阳 . 2014. 国内外水稻育种概况及发展趋势［J］. 种子世界（4）：28-30.

孟波，李定猛，张贵平 . 2009. 贵州科技进步对经济增长贡献的实证分析［J］. 贵州商业高等专科学校学报，22（3）：18-21.

孟鹤，郭建强，张峻峰 . 2009. 北京地区农业科技资源供给现状与发展对策研究［J］. 中国科技论坛（12）：104-108.

牛凯，曹艳，胡亮，等 . 2014. 中国粮食主产区农业科技进步贡献率的测算与分析［J］. 中国农学通报，30（29）：53-59.

农业部农村经济研究中心课题组 . 2005. 中国农业技术推广体系调查与改革思路［J］. 中国农村经济（2）：46-54.

农业机械的技术发展与我们面临的任务 . http：//www. yumao. com/news/show-31610. html.

彭宇文，吴林海 . 2006. 我国农业科技创新问题的研究［J］. 上海经济研究（11）：55-60.

戚湧，郭逸 . 2015. 基于 SFA 方法的科技资源市场配置效率评价［J］. 科研管理，36（3）：84-91.

邱德文 . 2013. 生物农药研究进展与未来展望［J］. 植物保护（5）：81-89.

申志平 . 2014. 我国农业科技创新效率波动及要素投入优化研究［J］. 农业科技管理，33（6）：47-51.

史修松，赵曙东，吴福象 . 2009. 中国区域创新效率及其空间差异研究［J］. 数量经济技术经济研究（3）：45-54.

史亚军，黄映晖 . 2007. 北京农业科技现状分析与发展［J］. 北京农业（6）：1-3.

市场与经济信息司信息化推进处 . 2015. 国内外农业物联网发展现状［J］. 农业工程技术（27）：13-15.

宋卫国，李军 . 2000. “十五”规划我国科技进步贡献率目标选择分析［J］. 中国科技论坛（6）：10-14.

唐清泉，卢博科 . 2009. 创新效率、行业间差异及其影响因素［J］. 中山大学学报

（社会科学版），49（6）：187-196.

汪晓萍，周小玲，邓绍宏，等 . 2005. AHP 法计算湖南“十五”林业科技进步贡献率［J］. 湖南林业科技（4）：8-12.

王广，郭翔宇 . 2016. 农业科技创新动力机制影响因素与创新［J］. 学术交流（5）：136-141.

王海宏，周卫红，李建龙，等 . 2016. 我国智慧农业研究的现状 · 问题与发展趋势［J］. 安徽农业科学（17）：279-282.

王江 . 2014. 基于 Malmquist 模型的西部地区科技创新效率评价［J］. 工业技术经济，33（11）：149-154.

王洁，夏维力 . 2017. 陕西省农业科技进步贡献率测算分析——基于索罗余值法［J］. 科技管理研究，37（19）：98-102.

王启现，李志强，刘振虎，等 . 2006. “十五”全国农业科技进步贡献率测算与 2020 年预测［J］. 农业现代化研究（11）：416-419.

王青，许源，周波 . 2010. 上海农业科技社会化服务机制构建初探［J］. 上海管理科学，32（6）：36-41.

王婷，刘勇，叶中华 . 2008. 我国东、中、西部十省科技综合实力评价-基于灰色聚类分析［J］. 西安财经学院学报，21（4）：35-39.

王雅鹏，吕明，范俊楠，等 . 2015. 我国现代农业科技创新体系构建：特征、现实困境与优化路径［J］. 农业现代化研究，36（2）：161-167.

王耀林 . 2001. 国内外设施农业现状及发展趋势 . 中国农学会 . 中国农业科学——2001 第四届中国北京高新技术产业国际周现代农业科技专家论坛专辑［C］. 北京：中国农学会.

王郁晶，李刚 . 2009. 江苏省工业全要素生产率行业比较分析——基于 DEA - Malmquist 方法［J］. 现代商贸工业，21（20）：83-84.

魏海燕 . 2013.《世界竞争力年鉴》评价体系研究及其思考［J］. 科技管理研究（5）：58-61.

魏秀芬，郑世艳，邸娜 . 2012. 天津现代农业科技创新基地绩效潜力的支撑机制分析［J］. 天津农业科学，18（3）：87-89.

翁媛媛，高汝熹 . 2009. 科技创新环境的评价指标体系研究——基于上海市创新环境的因子分析［J］. 中国科技论坛（2）：31-35.

吴建寨，杨海成，李斐，等 . 2016. 发达国家农业科技创新体系及其经验借鉴［J］. 世界农业（9）：157-161，199.

吴琼，吴永兴，顾霖霞 . 2010. 都市农业发展中的劳动力替代问题探讨——以上海市为例［J］. 农村经济（1）：105-107.

夏万利 . 2009. 我国电子信息产业科技进步贡献率实证研究［J］. 电子科技，22（12）：81-82，87.

项本武 . 2011. 中国工业行业技术创新效率研究［J］. 科研管理，32（1）：10-14.

肖卫东 . 2016. 企业开展农业科技创新的促进策略［J］. 中国科技论坛（2）：

126-132.
肖文，林高榜 . 2014. 政府支持、研发管理与技术创新效率——基于中国工业行业的实证分析 [J]. 管理世界（4）：71-80.
谢守红，甘晨，于海影 . 2017. 长三角城市群创新能力评价及其空间差异分析 [J]. 城市问题（8）：92-95，103.
徐大为，邢克智，崔晶，等 . 2012. 天津国家农业科技园区农业专家大院现状及发展对策 [J]. 农业科技管理，31（1）：70-73.
徐永智，衣保中 . 2017. 中国东部各省市区域创新能力评价 [J]. 黑龙江社会科学（1）：82-85.
晏蒙，孟令杰 . 2015. 基于 DEA 方法的中国工业科技创新效率分析 [J]. 中国管理科学，23（S1）：77-82.
杨朝峰，赵志耘 . 2009. 科技实力评估研究：综述与展望 [J]. 中国软科学（8）：167-173.
杨传喜，张俊飚，李树明 . 2011. 农业科技资源技术效率的测算与分析——基于农业生态区划的视角 [J]. 中国科技论坛（6）：138-143.
杨青峰 . 2013. 高技术产业地区研发创新效率的决定因素——基于随机前沿模型的实证分析 [J]. 管理评论，25（6）：47-58.
杨雪姣，王春瑞，孙福田 . 2014. 基于 DEA 方法对黑龙江省农业科技进步贡献率的测算及分析 [J]. 开发研究（2）：109-112.
佚名 . 2015. 欧盟利用微生物制剂治理农作物地栖害虫 [J]. 种业导刊（4）：33.
佚名 . 2016. 实地探访美国农业大数据的建设与应用 [J]. 农业工程技术（15）：59-61.
佚名 . 2018. 2017 年全球生物技术/转基因作物商业化发展态势 [J]. 中国生物工程杂志（6）：1-8.
于洁，刘润生，曹燕，等 . 2009. 基于 DEA-Malmquist 方法的我国科技进步贡献率研究：1979—2004 年 [J]. 软科学，23（2）：1-6.
于冷，吕新业 . 2009. 上海科技服务新农村建设的现状、问题和方向 [J]. 农业经济问题（3）：43-47.
余泳泽 . 2009. 我国高技术产业技术创新效率及其影响因素研究——基于价值链视角下的两阶段分析 [J]. 经济科学（4）：62-74.
虞晓芬，李正卫，池仁勇，等 . 2005. 我国区域技术创新效率：现状与原因 [J]. 科学学研究，23（2）：258-264.
苑鹏，刘玉萍，宫哲元 . 2008. 龙头企业在农业科技创新中的作用及发挥政府的引导功能研究 [J]. 农村经济（1）：3-7.
詹嘉放，宋治文，李凤菊，等 . 2011. 日本、荷兰和以色列发展设施农业对中国的启示 [J]. 天津农业科学（6）：97-101.
张静，张宝文 . 2011. 基于 Malmquist 指数法的我国农业科技创新效率实证分析 [J]. 科技进步与对策，28（7）：84-88.

张来武．2012．以农业科技创新创业带动现代农业发展［J］．中国科技论坛（4）：5-8．

张莉侠，徐霞倩．2013．上海郊区农业技术推广队伍调查与分析［J］．上海农村经济（6）：31-33．

张莉侠，俞美莲，王晓华．2016．农业科技创新效率测算及比较研究［J］．农业技术经济（12）：84-90．

张莉侠，张睿，林建永．2012．1990—2009 年三大都市农业科技进步贡献率的测算及比较［J］．中国科技论坛（11）：104-109．

张庆霞，牛国元，苗冠军，等．2014．宁夏农业科技进步贡献率及其影响因素分析［J］．贵州农业科学，42（2）：239-242．

张庆芝，何枫，雷家骕．2014．资源消耗、科技创新与钢铁产业技术效率研究［J］．统计与决策（7）：94-97．

张睿，张莉侠，王晓华，等．1990—2010 年上海市农业科技进步贡献率的测算与分析［J］．上海农业学报，28（3）：95-99．

张淑辉．2014．山西省农业科技创新的动力机制研究［D］．北京：北京林业大学．

张巍，高汝熹．2013．科技创新实力和效率的比较研究——基于科学发现和技术创新的二维视角［J］．科技与经济，26（6）：21-25．

张晓芳，石德金．2010．福建省农业科技创新绩效评价指标体系构建［J］．科技向导（2）：9-10．

张轶婷，刘厚诚．2016．日本植物工厂的关键技术及生产实例［J］．农业工程技术，（13）：29-33．

张煜，孙慧．2015．新疆农业科技进步贡献率的测算与分析［J］．新疆农业科学，52（3）：580-588．

张跃强，陈池波．2015．财政农业科技投入对农业科技创新绩效的影响［J］．科技进步与对策，32（10）：50-54．

章力建．2006．集成创新是当前农业科技创新的战略需求［J］．农业经济问题（4）：4-6，79．

赵付民，苏盛安，邹珊刚．2006．我国政府科技投入对大中型工业企业 R&D 投入的影响分析［J］．研究与发展管理（2）：78-84．

赵惠娟，刘妮雅，杨伟坤．2015．农业科技创新体系中企业主体地位的美国经验与启示［J］．世界农业（7）：52-55．

赵军洁，陈宝峰，卢兵友．2014．TRIZ 推动农业科技创新的影响因素实证研究［J］．中国科技论坛（5）：155-160．

赵军洁，张建胜．2016．加快农业科技创新的机理和路径研究——基于 TRIZ 理论［J］．经济问题（12）：106-111．

赵军平．2012．国内外农机装备发展现状及发展趋势［J］．河北农机（2）：31-32．

赵丽娟，张玉喜，潘方卉，等．2016．科技人力资源与资金对农业科技创新效率影响研究［J］．华东经济管理，30（1）：100-105．

赵瑞芬，王小娜．2017. 基于全局熵值法的京津冀区域创新能力比较 [J]. 中国流通经济，31（4）：114-121.

赵骁炀．2014. 山西农业科技创新效率研究 [J]. 经济师（10）：148-149,153.

赵艳英．2008. 区域经济发展与科技实力的评估体系及综合评价 [D]. 长春：东北师范大学．

赵芝俊，袁开智．2009. 中国农业技术进步贡献率测算及分解：1985—2005 [J]. 农业经济问题（3）：28-36.

赵芝俊，张社梅．2006. 近20年中国农业技术进步贡献率的变动趋势 [J]. 中国农村经济（3）：4-12.

郑文钟．2015. 国内外智能化农业机械装备发展现状 [J]. 现代农机（6）：4-8.

郑小勇．2004. 浙江省经济增长要素贡献率的实证分析 [J]. 经济与管理（7）：66-68.

周耀辉．2010. 论我国烟草产业的政府管制与科技进步 [J]. 求索（9）：87-88.

朱海就．2004. 区域创新能力评估的指标体系研究 [J]. 科研管理，25（3）：30-35.

朱团钦．2005. 湖北省科技进步对经济增长的贡献率测算 [J]. 统计与决策（19）：85-86.

朱希刚．1997. 我国农业科技进步贡献率测算方法 [M]. 北京：中国农业出版社．

朱希刚．2002. 我国"九五"时期农业科技进步贡献率的测算 [J]. 农业经济问题（5）：12-13.

朱有为，徐康宁．2006. 中国高技术产业研发效率的实证研究 [J]. 中国工业经济（11）：38-45.

庄裕美，刘宁．2000. 福建省各城市1998年科技实力评估与排序 [J]. 发展研究（4）：55-57.

2018全球生物制药行业的四大发展趋势.https：//www.sohu.com/a/223648132_ 651713.

Afzal MNI. 2014. An empirical investigation of the National Innovation System（NIS）using Data Envelopment Analysis（DEA）and the TOBIT model [J]. International Review of Applied Economics，28（4）：1595-1598.

Farrell M. J. 1957. The measurement of productive efficiency [J]. Journal of the Royal Statistical Society，Series A：General，120：253-281.

Frantzen D. 2003. The Causality between R&D and Productivity in Manufacturing：An International Disaggregate Panel Data Study [J]. International Review of Applied Economics，17（2）：249-265.

Hagedoorn J.，Cloodt M.. 2003. Measuring Innovative Performance：Is There an Advantage in Using Multiple Indicators？[J]. Research Policy，32：1365-1379.

Hu Jin li，Yang C H，Chen C P. 2014. R&D Efficiency and the national innovation system：An international comparison using the distance function approach [J]. Bulletion of Economic Research，66（1）：55-71.

Jayanthi Shekhar, Kocha Bart, Sinha, et al. 1999. Competitive analysis of manufacturing plants: An application to the US processed food industry [J]. European Journal of Operational Research, Elsevier, 118 (2): 217-234.

Katila R. 2000. Measuring innovation performance [J]. International Journal of Business Performance Measurement, 2: 180-193.

Lafarga C V, Balderram JIL. 2015. Efficiency of Mexico' s regional innovation systems: an evaluation applying data envelopment analysis (DEA) [J]. African Journal of Science Technology Innovation & Development, 7 (1): 36-44.

Lio M., J. Hu. 2009. Governance and Agricultural Production Efficiency: A Cross Country Aggregate Frontier Analysis [J]. Journal of Agricultural Economics, 60 (1): 40 - 61.

Mugunieri G. L., G. A. Obare, S. W. 2009. Omamo. Does the Structure of Agricultural Science and Technology Policy System Matter in Developing Country Agricultural Productivity Growth Trends? Evidence from Kenya and Uganda [R]. International Association of Agricultural Economists Conference, Beijing, China.

Nasierowski W, Arcelus F. J. 2003. On the efficiency of national innovation systems [J]. Socio- Economic Planning Sciences, 37: 215-234.

Odeck J, Brathen S. 2012. Ameta-analysis of DEA and SFA studies of the technical efficiency of seaports: A comarision of fixed and random-effects regression models [J]. Transportation Research Part A: Policy and Practice, 46 (10): 1574-1585.

Shekhar J, Vikram S. 2009. Evaluation of Potential of Innovations: a DEA-based Application to U. S. Photovoltaic Industry [J]. Ieee Transactions on Engineering Management (9): 478-493.

Spielman J. D., R. Birner. 2008. How Innovative is Your Agriculture? Using Innovation Indicators and Benchmarks to Strengthen National Agricultural Innovation Systems [R]. The World Bank, Agriculture and Rural Development Discussion Paper.

Sueyoshi T, Goto M. 2013. A use of DEA-DA to measure importance of R&D expenditure in Japanese information technology industry [J]. Decision Support Systems, 54 (2): 941-952.

Tone K. 2001. A Slacks - Based Measure of Efficiency in Data Envelopment Analysis. European Journal of Operational Research, 130: 498-509.

Tone K. 2002. A slacks-based measure of super-efficiency in data envelopment analysis. European Journal of Operational Research, 143: 32-41.

Wang L., Szirmai A.. 2003. Technological Inputs and Productivity Growth in China's High-techIndustries [C]. Ecis Working Paper.

附件　2018—2019年上海市农业主推技术汇总清单

技术模式	技术名称	推荐单位	
一、综合技术模式	1. 上海市草莓病虫害绿色防控技术	上海市农业技术推广服务中心	合计6项
	2. 露地绿叶蔬菜病虫害绿色防控技术模式	上海市农业技术推广服务中心	
	3. 猪场废弃物源头减量关键技术	上海市动物疫控中心	
	4. 奶牛“两病”区域净化技术	上海市动物疫控中心	
	5. 水稻生产全程机械化技术模式	上海市农机鉴定推广站	
	6. 稻—小龙虾共作+连作高效种养模式	上海海洋大学	
二、单项成熟技术	1. 大球盖菇高效利用新鲜稻秸秆技术模式示范与推广	上海市农业科学院	合计11项
	2. 水稻病虫害绿色防控技术	上海市农业技术推广服务中心	
	3. 高效茬口模式——大棚草莓套种鲜食玉米栽培技术	上海市农业技术推广服务中心	
	4. 水稻机械化种植技术集成与示范	上海市农业技术推广服务中心	
	5. 绿叶菜机械化播种技术	上海市农机鉴定推广站	
	6. 长江中下游设施西瓜甜瓜病虫害综合防控技术	上海市农业科学院	
	7. 大棚西甜瓜设施栽培水肥一体化技术	上海市农业技术推广服务中心	
	8. 猪深部输精技术	上海市动物疫控中心	
	9. 智能化水拌料饲养技术	上海市动物疫控中心	
	10. 草鱼人工免疫防疫技术	上海市水产技术推广站	
	11. 异育银鲫新品种池塘健康养殖技术	上海市水产技术推广站	

后　记

纵观农业发展史，科技进步和技术变革始终是农业农村发展的主要动力和源泉，通过农业科技进步实现创新驱动、内生增长及转变农业发展方式是现代农业发展的根本出路。近年来，上海市农业科学院农业科技信息研究所都市农业与技术经济研究团队一直关注农业技术经济领域的研究，特别是对上海农业科技问题的研究工作情有独钟，专门对上海农业科技进步与都市现代农业发展开展系统的研究。先后承接了上海市科学技术委员会重点软课题、上海市哲学社会科学规划课题、上海市农业农村委员会科技兴农子课题、上海市科学技术协会等多项课题，并出色完成了各项科研工作任务。借此机会和研究平台，对上海农业科技进步、农业技术推广绩效、科技支持上海国家现代农业示范区发展的路径及绩效等进行全面系统的研究。不仅如此，近年来研究团队立足于上海、面向长三角、服务全国，将研究范围拓展至与上海都市特色相近的区域，对具有都市特色北京及天津的农业科技实力评价、科技创新效率等展开研究，这部著作也就是在这些研究的基础上进一步加以拓展、深化、综合而成。今天奉献给读者的这本著作就是近年来作者对三大都市农业科技进步及农业经济发展的系统研究成果。

在课题完成过程中，始终得到了上海市农业农村委员会、上海市科学技术委员会与上海市郊区农委及农技部门领导及有关管理人员、孙桥园区等提供的帮助和支持，他们为课题提供了大量的数据及资料，为课题调研提供了诸多便利。上海市农业科学院蔡友铭院长、许复新副院长、谭琦副院长、赵志辉副院长、刘红处长、李林峰主任、施标副处长、李丹妮副处长及农业科技信息研究所赵京音所长、曹红亮副书记、杨娟副所长对都市农业与技术经济研究团队开展科研工作给予积极支持和帮助，对本书的编写提出了许多宝贵意见和建议。热情的帮助和支持同样来自同事们，俞美莲副研究员、马佳副研究员、刘增金博士、张睿博士、贾磊博士、朱哲毅博士、张孝宇博士、周洲博士、董家田、马莹、王丽媛、孟晓芳等在本书的写作过程中给了非常及时的帮助，从而使得课题研究和本书编写工作得以顺利进行。在此，谨向以上单位各位领导、同事及协助本书出版的中国农业科学技术出版社的领导和编辑同志致以诚挚的感谢。

本书是对三大都市农业科技实力及创新效率评估及都市现代农业科技发展问题进行研究探索的一个阶段性成果，其中一定存在种种疏漏和谬误之处，敬请学者专家与读者们批评指正，不吝赐教，以促进农业科技问题的研究进一步深入。

张莉侠

于上海市农业科学院

2018 年 8 月 31 日